高等职业教育学生成长系列教材

U0829725

飞天筑梦　助力成长

主　编　李清彬

天津大学出版社
TIANJIN UNIVERSITY PRESS

图书在版编目 (CIP) 数据

飞天筑梦　助力成长 / 李清彬主编 . — 天津 : 天津大学出版社 , 2022.7（2025.2 重印）
高等职业教育学生成长系列教材
ISBN 978-7-5618-7250-5

Ⅰ . ①飞… Ⅱ . ①李… Ⅲ . ①思想政治教育－高等职业教育－教材 Ⅳ . ① G611

中国版本图书馆 CIP 数据核字 (2022) 第 129195 号

出版发行　天津大学出版社

地　　址　天津市卫津路 92 号天津大学内（邮编：300072）
电　　话　发行部：022-27403647
网　　址　www.tjupress.com.cn
印　　刷　廊坊市瑞德印刷有限公司
经　　销　全国各地新华书店
开　　本　787mm×1092mm　1/16
印　　张　7.75
字　　数　150 千
版　　次　2022 年 7 月第 1 版
印　　次　2025 年 2 月第 3 次
定　　价　30.00 元

前 言

2022年4月16日，在太空遨游半年的神舟十三号飞船平安降落，重回地球的怀抱，其间神舟十三号创造了多项“首次”，每一个“首次”都标注着中国航天的新高度。中国载人航天人牢记使命，接续奋斗，不断刷新浩瀚太空里的“中国高度”，铸就了中国载人航天事业的辉煌，培育了“特别能吃苦、特别能战斗、特别能攻关、特别能奉献”的载人航天精神，为全社会提供了强大精神动力，成为民族精神的宝贵财富，激励着载人航天人不忘初心、继续前行。载人航天精神展现了中国共产党人的精神品格，是中国共产党精神谱系的重要组成部分。为切实弘扬载人航天精神，用载人航天精神指引高职院校学生成长成才，特编写此书，以期为加强高职院校学生思想政治教育提供实际指导。

学习好本门课程，切实弘扬载人航天精神，要把握以下几个方面。

一、深刻理解载人航天精神的形成发展过程

自古以来“飞天梦”是中华儿女一直以来执着追求的梦想，嫦娥奔月的美丽神话、敦煌石窟的仕女飞天壁画、万户飞天的千古壮举，无不寄托着中华儿女的飞天梦想。新中国成立之初国家一穷二白，我们党以长远眼光和非凡胆略，毅然决定研制“两弹一星”。1992年，党中央进一步作出实施载人航天工程重大战略决策，并确定了“三步走”的发展目标。进入新时代，我们更是信心百倍地把“建设航天强国”写入党的十九大报告。“十四五”及未来一段时期是中国载人航天事业发展的战略机遇期。新形势下，中国载人航天人将继续发扬载人航天精神，在重点领域集中力量攻坚克难，在关键核心技术上取得突破，推动我国由航天大国向航天强国迈进。让中国梦与航天梦相互激荡，凝聚中国各民族大团结的力量，不断开创中华民族伟大复兴的新局面。

只有掌握以上历史脉络才能深刻领会载人航天精神的时代价值和重大意义，通过回顾载人航天奋斗历程我们要深刻意识到载人航天精神不仅是中国载人航天人的精神财富，也是中华民族的精神财富，必将激励中华民族开拓进取、奋勇直前，取得更加辉煌的成就，实现中华民族伟大复兴的中国梦。

二、深刻掌握载人航天精神的深刻内涵

“特别能吃苦”的载人航天精神，不单指忍受物质条件的艰苦，更包括克服身体的辛苦、战胜意志的困苦。“特别能战斗”的载人航天精神，是航天人通过高风险挑战历练而成的。“特别能攻关”的载人航天精神，是在抢占载人航天技术制高点奋斗过程中磨砺而成的。“特别能奉献”的载人航天精神，是载人航天人秉持的精忠报国理想信念铸就的，我们要在学习载人航天奋斗故事的过程中深刻理解载人航天精神的丰富内涵。

三、深刻理解载人航天精神对大学生成长成才的重要意义

精神无形，却能激发出无穷的力量，激励人负重前行、成就梦想。载人航天精神，这一座精神丰碑对于激励高职院校学生努力进取、勇往直前具有重大的指引作用，尤其是对于培养学生吃苦耐劳精神、勇于战斗勇气、攻坚克难意志、无私奉献品质具有重大的指导意义。将载人航天精神作为高等职业院校学生价值观教育的切入点，能使学生将精神内化于心，外化于行，培养良好的品格和报效国家的能力，更好地适应国家培养创新人才发展的内在要求，服务人民，报效祖国。

鉴于此本编写组将载人航天精神与高职院校学生思想政治教育相结合，编写《飞天筑梦 助力成长》一书，切实推动载人航天精神进教材、进课堂，进头脑，帮助大学生成长成才，助力航天强国梦的实现。

本书由天津城市建设管理职业技术学院党委书记李清彬主持编写，天津城市建设管理职业技术学院教师李维、张捷、张冰洁、张莹、陈欢、蔡春燕、张笑溯、邹小雨参与编写。

编写组

2022 年 4 月

目　录

一、载人航天精神的形成发展历程

伟大事业孕育伟大精神，伟大精神引领伟大事业。探索浩瀚宇宙，发展航天事业，建设航天强国，是我们不懈追求的航天梦。党的二十大报告中指出，坚持创新在我国现代化建设全局中的核心地位，加快实现高水平科技自立自强。报告提出，加快建设科技强国，并强调要加快建设航天强国。这为新时代以科技自立自强推动航天强国建设指明了前进的方向，提供了根本遵循。党中央作出实施载人航天工程重大战略决策以来，广大航天工作者心怀伟大梦想，接续迎难前行，让“长征”“神舟”“嫦娥”“天宫”等，一次次进入公众视线，一次次刷新“中国高度”，以令人惊叹的速度，一路追赶、并跑、超越，不但取得了举世瞩目的伟大成就，更培养和发扬了“特别能吃苦、特别能战斗、特别能攻关、特别能奉献”的伟大载人航天精神，生动体现了以爱国主义为核心的民族精神和以改革创新为核心的时代精神，充分彰显了中国特色社会主义道路自信、理论自信、制度自信、文化自信。

（一）载人航天精神的形成发展

在党中央坚强领导下，在全国人民大力支持下，从无人飞行到载人飞行，从一人一天到多人多天，从舱内实验到出舱活动，从单船飞行到空间站巡天……中国载人航天事业一次次在浩瀚太空刷新“中国高度”，同时也在中华民族的历史长河中培育铸就了“特别能吃苦、特别能战斗、特别能攻关、特别能奉献”的载人航天精神。

1. 中华民族的飞天梦想

自古以来，中华民族就向往飞向太空，遨游宇宙。嫦娥奔月的美丽神话、敦煌石窟的仕女飞天壁画、万户飞天的千古壮举，无不寄托着中华儿女的飞天梦想。古时候的传说故事，如今在当代中国成为现实。

（1）嫦娥奔月——美丽神话

嫦娥奔月，是中国上古时代神话传说故事。嫦娥奔月的故事有两种版本，均源于《淮南子》。一种版本是嫦娥偷吃不死之药奔月，即《淮南子·览冥训》中所谓“羿请不死之药于西王母，姮娥窃以奔月”一说。另一种版本是嫦娥被迫吃不死之药奔月的，即“羿请不死之药于西王母，托与姮娥。逄蒙往而窃之，窃之不成，欲加害姮娥。娥无以为计，吞不死药以升天”一说。从航天技术的角度去思考，从这个传说中，我们便可以清楚地看出中国古人的航天思维，即借助外力，克服地心的引力，飞到月球上[①]。

嫦娥奔月的神话源自古人对星辰的崇拜。“云母屏风烛影深，长河渐落晓星沉。嫦娥应悔偷灵药，碧海青天夜夜心。”嫦娥奔月的美丽传说一直牵引着中华民族的追月梦。“奔月”是附加在嫦娥身上最重要的文化功绩，这也是现代探月计划用“嫦娥”命名的深刻文化内因。嫦娥奔月的美丽传说一直牵引着中华民族的追月梦。

（2）敦煌飞天——艺术形象

敦煌是古代中国对外开放的光辉起点，丝绸之路上的咽喉锁钥，文化积淀深厚，被誉为飞天故乡。尤其是连续营建了一千多年的莫高窟保存了不同时期的精美壁画雕塑。敦煌飞天是敦煌莫高窟的名片，是敦煌艺术的标志。在莫高窟的洞窟中几乎窟窟画有飞天，一千余年间的敦煌飞天由于朝代的更替、中西文化的频繁交流等变化，姿态意境、风格情趣都在不断变化。如敦煌飞天的鼎盛时期，即整个唐代，其形象达到了最完美的阶段，是完全中国化的飞天。

敦煌飞天从艺术形象上说，它不是一种文化的艺术形象，而是多种文化的复合体。飞天的故乡虽在印度，但敦煌飞天却是印度文化、西域文化、中原文化共同孕育而成的具有中国文化特色的飞天。敦煌飞天是中国艺术家天才的创作，是世界美术史上的一个奇迹，也展现出人们对于飞天的想象。

（3）万户飞天——尝试先驱

飞天既在神话与传说中，又在现实生活中，世界上第一个尝试飞天的当属明朝的万户。万户，本名陶成道，他将47支火箭捆绑在座椅的背后，把自己绑在座椅的前边，试图借助火箭向前推进的力量使自己飞天。不幸的是飞向天空的过程中火箭爆炸了，万户也因此献出了生命。美国人罗伯特·吉姆在1945年出版的《火箭与喷射》一书中对万户飞天进行了叙述。英国、德国和苏联的一些火箭专家，在他们的著作中也提到或引用了这件事。可见，万户是世界上公认的第一个想到利用火箭进行飞行的人。为表彰他的功绩，国际天文联合会将月球上的一座环形山命名为“万户”。

吉姆等人没有说明相关资料的来源和出处。因此，这还是一个没有完全核实的故事。但我们相信这是一个完全真实的故事，因为它有可靠的技术基础，即我国当时辉煌的火药技术，有可靠的思想基础，即中华民族的勇敢创新精神，还有强大的社会基础，即拥有四大发明、在第二个千年的前半叶处在世界文明顶端的国度。

钱学森曾经给年轻人讲了他的导师王士倬给他讲过的“陶成道的故事”。钱学森说：“陶成道长眠在鲜花盛开的万家山。当然，他进行的飞天事业停止了。明朝以后，特别是到了近代，我国的科技事业日趋落后，以致备受列强的欺凌。但是，陶成道开创的飞天事业，得到了世界的公认。美国一位叫詹姆斯·麦克唐纳的火箭专家，称中国的万户为青年火箭专家，是人类第一位进行载人火箭飞行尝试的先驱。他研制的蛇形飞车，也是人类有史以来了不起的发明。”

① 亢建明．问鼎太空：中国航天“天路”征程全记录[M]．西安：陕西人民出版社，2015：2.

2. 载人航天精神的文化底蕴

在中国共产党的领导下，广大航天工作者在发展祖国航天事业的历程中，不断艰辛付出，培育创造出了载人航天精神这个精神财富。载人航天精神源于航天事业的伟大实践，在实践中孕育，为实践所检验，并在航天实践中不断丰富、发展和升华。载人航天精神有着丰厚的文化底蕴。

（1）航天传统精神

航天传统精神是在20世纪50年代末我国航天事业创建时期初步萌芽，60年代、70年代逐步产生，80年代最后形成并进行提炼、概括和命名，反映老一代航天工作者思想境界、精神风貌和优良作风的宝贵精神成果。

1956年10月8日，国防部第五研究院（简称国防部五院）成立。聂荣臻提出的“自力更生为主，力争外援和利用资本主义国家已有的科学成果为辅”建院方针，成为航天精神的奠基石。聂荣臻说：“我们不能排除在平等互利原则下的外援，我们不搞闭关锁国，但是我们的立足点必须放在自力更生的基础上，像我们这样的大国，特别是搞国防尖端这门行业，如果把立足点放在外国援助上，必然造成研制系统的依附性，被别人牵着鼻子走，那对我国的国防建设和国家安全，将是潜在的巨大危险。……唯一的出路只能是走自己研制的道路。这一点应该作为我们思考问题的出发点，成为我们制订国防科研方针、政策、任务的依据。”

1958年，聂荣臻提出了“集中力量，形成拳头，组织全国大协作”的方针。当时，我国航天事业正面临巨大考验，新中国成立初期经济困难，苏联撕毁协议、撤走全部专家，帝国主义的严密封锁以及自身科技水平较低，等等，都制约了航天事业的发展。面对困难，航天工作者没有气馁。1960年，国防部五院提出了“自力更生，艰苦奋斗，克服一切困难，为国争光”和“自力更生，发奋图强，争一口气，突破从仿制到独立设计这一关”的口号。航天工作者以艰苦奋斗、自力更生的精神，凭借一定的研究、设计、生产、试制能力，使我国航天事业迅速转入自行设计、独立研制阶段。就在苏联专家全部撤离中国两个月后，1960年11月5日，中国航天史上具有里程碑意义的第一枚仿制导弹飞行试验取得圆满成功。

1961年，国防部五院又倡导在研制工作中树立“敢想、敢说、敢干”和“严肃的态度、严格的要求、严密的方法”的“三敢”“三严”作风，提出创造一个安安静静、干干净净的科研环境，在尖端科技工作中做到一丝不苟、扎扎实实地按照科学要求完成任务，一切工作都要严格保证质量。

1966年10月，周恩来总理针对原子弹和导弹“两弹结合”试验，提出了“严肃认真、周到细致、稳妥可靠、万无一失”的方针。周总理反复强调，要按照客观规律办事，坚持严格的科学态度；要加强管理，遵守各种必要的规章制度；要过细地工作，切实保证产品质量。

1986年底，当时的航天工业部党组对航天精神进行了提炼和归纳，提出了“自力更生、大力协同、尊重科学、严谨务实、献身事业、勇于攀登”的航天传统精神；此后根据聂荣臻倡导的“自力更生、艰苦奋斗、大力协同、无私奉献”的精神，结合航天科技工业的具体特点，对航天传统精神作了新的概括和提炼，表述为“自力更生、艰苦奋斗、大力协同、无私奉献、严谨务实、勇于攀登”。1990 年 5 月，聂荣臻亲笔题写了 24 字的航天传统精神。

（2）“两弹一星”精神

2020 年 9 月 11 日，习近平总书记在科学家座谈会上明确要求广大科技工作者要“弘扬‘两弹一星’精神，主动肩负起历史重任，把自己的科学追求融入建设社会主义现代化国家的伟大事业中去”。“热爱祖国、无私奉献，自力更生、艰苦奋斗，大力协同、勇于登攀”的“两弹一星”精神形成于 20 世纪 50 至 70 年代，是我国老一辈科学家在自主完成原子弹和氢弹爆炸、导弹飞行和人造卫星发射的过程中，自觉培育践行的一种崇高精神，是爱国主义、集体主义、社会主义精神和科学精神的突出体现，是中国人民在社会主义建设时期为中华民族创造的宝贵精神财富。

“两弹一星”工程是中国于 20 世纪 50 至 60 年代组织实施的，以研制导弹、原子弹和科学试验卫星为主要内容的重大国防工程。20 世纪 50 年代中期，面对国际上严峻的形势和军备竞赛的发展趋势，为尽快增强国防实力，保卫和平，以毛泽东同志为核心的中国共产党第一代中央领导集体毅然作出发展“两弹一星”，突破国防尖端技术的战略决策。

一大批科学家满怀建设社会主义新中国的赤诚与激情，和全国各族人民一道，坚定地向科技高峰挺进。他们在戈壁滩上，冒高温、顶沙尘、住土屋、挤帐篷、喝咸苦水，奋战两年多建起了导弹试验基地。由于资料封锁、设备简陋，安装在我国第一颗原子弹里的精密零件的形状和体积，是靠简单手摇计算机甚至算盘计算出来的；溶解炸药的实验中所用的工具，大多是日常生活中所使用的盆盆罐罐。为了研制一个新的型号、设计一个复杂精巧的工程结构、制作一个精密的元件或零组件，技术人员和工人们奋不顾身、呕心沥血、日夜奋战。为了尽快得到重要核装料——铀，铀矿勘查地质队普遍开展土法炼铀，几个大桶里装上人工用铁锤砸碎的矿石和腐蚀性强的硫酸、硝酸，用布袋过滤沉淀物。靠着这样近乎原始的简陋装备，工人们在短时间内生产出了 160 多吨重铀酸铵，为我国首次核试验赢得了时间。

凭着这股干劲、这股精神、这种热情，1960 年 11 月 5 日，中国第一枚导弹发射成功。1964 年 10 月 16 日，中国第一颗原子弹爆炸成功；1967 年 6 月 17 日，中国第一颗氢弹空爆试验成功。1970 年 4 月 24 日，中国第一颗人造地球卫星发射成功，《东方红》的旋律响彻太空。中华人民共和国在物质技术基础十分薄弱的条件下，在较短的时间内成功地研制出“两弹一星”，创造了非凡的人间奇迹，是中国人民挺直腰杆站起来的重要标志。“两弹一星”的宏伟事业，是新中国建设成就的重要象征，是中华民族的荣耀与骄傲。邓小平同志说：“如果六十年代以来中国没有原子弹、氢弹，没有发射卫星，中国就不能叫有重要影响的大国，就没有现在这样的国际地位。这些东西反映一个民族的能力，也是一个民族、一个国家兴旺发达的标志。”

1999 年 9 月 18 日，党中央、国务院、中央军委决定，对当年为研制“两弹一星”作出突出贡献的 23 位科技专家予以表彰，并授予于敏、王大珩、王希季、朱光亚、孙家栋、任新民、吴自良、陈芳允、陈能宽、杨嘉墀、周光召、钱学森、屠守锷、黄纬禄、程

开甲、彭桓武“两弹一星功勋奖章”，追授王淦昌、邓稼先、赵九章、姚桐斌、钱骥、钱三强、郭永怀“两弹一星功勋奖章”。江泽民同志提出并精辟阐述了“热爱祖国、无私奉献，自力更生、艰苦奋斗，大力协同、勇于登攀”的“两弹一星”精神。“两弹一星”精神跨越时空、历久弥新，已经成为中华民族的宝贵精神财富，激励着一代代科技工作者攻坚克难，勇攀高峰。

（3）长征精神

中国人对“长征”这两个字有一种特殊情结，因为一提到它，人们的脑海里就会不约而同地想到两件事。一个是80多年前中国工农红军走过的二万五千里的漫漫征途，再有一个就是50多年来不断将我国的卫星乃至航天员送入太空的“长征”火箭。

参与“东方红一号”卫星研制的老科学家禹更铭曾说，我们给中国生产的运载火箭命名为“长征”，是有多重象征意义的。因为我们积极践行的“航天精神”和“长征精神”是一脉相承的。不仅如此，红军在长征中那种不怕困难、百折不挠的作风一直激励着中国人趋向民族复兴的整个进程。

2016年10月21日，习近平总书记在纪念红军长征胜利80周年大会上强调：“伟大长征精神，作为中国共产党人红色基因和精神族谱的重要组成部分，已经深深融入中华民族的血脉和灵魂，成为社会主义核心价值观的丰富滋养，成为鼓舞和激励中国人民不断攻坚克难、从胜利走向胜利的强大精神动力。”长征精神，无疑是中国共产党伟大精神谱系中最为闪亮的一部分。

1934年10月，中共中央、中革军委率中央红军主力8.6万多人，踏上战略转移的漫漫征程，开始了世界历史上前所未有的壮举。1936年10月，三大主力红军先后在甘肃会宁和宁夏将台堡会师，历时两年之久的红军长征胜利结束，完成中国革命大本营从南方到北方的伟大战略转移。长征二万五千里，红军将士们“风雨浸衣骨更硬，野菜充饥志越坚；官兵一致同甘苦，革命理想高于天”，历经大小战役战斗380余次，跨越24条大河，翻越18座大山，穿越了被称为“死亡陷阱”的茫茫草地，用顽强的意志征服了人类的生存极限。长征路上，平均每300米就有一名红军战士牺牲，无数红军战士的鲜血染成了长征这条红飘带。

红军的长征是以我们的胜利和敌人的失败而结束的，充分展示了中国共产党的性质和宗旨的力量，宣传了党的主张，播撒了革命的火种。1935年12月，毛泽东在题为《论反对日本帝国主义的策略》的报告里豪迈地宣告：“长征是历史记录上的第一次，长征是宣言书，长征是宣传队，长征是播种机。”

长征的伟大胜利，不仅开辟了中国革命继往开来的道路，奠定了中国革命胜利前进的基础，而且也谱写了豪情万丈的精神史诗，铸就了伟大的长征精神。长征精神，就是把全国人民和中华民族的根本利益看得高于一切，坚定革命的理想和信念，坚信正义事业必然胜利的精神。面对艰难困苦，红军官兵讲得最多的是“只要跟党走，一定能胜利”。长征精神，就是为了救国救民，不怕任何艰难险阻，不惜付出一切牺牲的精神。正是有了这种精神，红军将士才能够四渡赤水、巧渡金沙江、强渡大渡河、飞夺泸定桥，击退上百万追兵阻敌。长征精神，就是坚持独立自主、实事求是，一切从实际出发的精神。长征胜利结束后，长征精神开始随着中国革命、建设和改革事业的不断发展而继续深化和完善；长征是一条“精神矿脉”，取之不尽，用之不竭，历久弥新。

（4）抗美援朝精神

20 世纪 50 年代，面对西方的封锁制裁和战略威胁，党中央毅然作出了发展我国尖端国防科技事业的伟大决策。1958 年 3 月，党中央、毛主席批准，在巴丹吉林沙漠边缘弱水河畔开始建设我国第一个导弹武器试验靶场。中央军委一声令下，工程兵部队和刚刚从朝鲜战场回国的志愿军第二十兵团，转道西行，挺进大漠，拉开了我国第一个综合导弹试验靶场（今天的酒泉卫星发射中心）的建设序幕。

“天上无飞鸟，地上不长草，四处无人烟，风吹石头跑”，是戈壁滩的真实写照。面对极其恶劣的自然环境和十分困难的保障条件，建设者们战严寒、斗酷暑，顶风冒沙，挖地窝、住干打垒，用沙枣、骆驼刺解渴充饥①。两年六个月后，我国第一个综合导弹试验靶场奇迹般地在荒凉的戈壁大漠中矗立起来。

此后的几十年里，几代人扎根大漠艰辛创业，成功发射了我国第一颗人造地球卫星“东方红一号”、第一枚远程运载火箭，开创了中国航天史上二十多个第一。而这些成就，无不体现着伟大的抗美援朝精神。在纪念中国人民志愿军抗美援朝出国作战 70 周年大会上，习近平总书记指出：“在波澜壮阔的抗美援朝战争中，英雄的中国人民志愿军始终发扬祖国和人民利益高于一切、为了祖国和民族的尊严而奋不顾身的爱国主义精神，英勇顽强、舍生忘死的革命英雄主义精神，不畏艰难困苦、始终保持高昂士气的革命乐观主义精神，为完成祖国和人民赋予的使命、慷慨奉献自己一切的革命忠诚精神，为了人类和平与正义事业而奋斗的国际主义精神，锻造了伟大抗美援朝精神。”

无论是在抗美援朝战争中，还是在航天事业的发展中，抗美援朝精神都内化为中国人民的精神标识，激励着中华儿女不畏牺牲，砥砺奋进，创造了一个又一个人间奇迹。伟大抗美援朝精神，是中国共产党人和人民军队崇高风范的生动写照，是以爱国主义为核心的民族精神的具体体现。伟大抗美援朝精神跨越时空、历久弥新，必须永续传承、世代发扬。习近平总书记指出：“前进道路不会一帆风顺。我们要铭记抗美援朝战争的艰辛历程和伟大胜利，敢于斗争、善于斗争，知难而进、坚韧向前，把新时代中国特色社会主义伟大事业不断推向前进。”伟大抗美援朝精神，是弥足珍贵的精神财富，必将激励中国人民和中华民族克服一切艰难险阻、战胜一切强大敌人。

（5）胡杨精神

胡杨是一种生命力极其顽强的原始树种，它有惊人的抗干旱、御风沙、耐盐碱的能力，能顽强地生存繁衍于荒漠戈壁之中。“活着千年不死，死后千年不倒，倒后千年不朽”是人们对胡杨精神的赞美。人们赞美胡杨，不仅因为其风姿，更因为胡杨的生命力中蕴含着扎根边疆、艰苦奋斗、自强不息、甘于奉献的精神。胡杨是大漠中的英雄树，见证了中国第一个卫星发射场的创建、发展和辉煌，见证了大漠航天人一步

① 佚名．卫星升空“蛟龙”入海 [J]. 西部大开发，2019（9）：16-17.

步发展“两弹一星”事业、载人航天事业的艰苦卓绝。

胡杨在最恶劣、最艰苦的地方勇敢地与命运、与自然抗争。人们赞美胡杨，不仅因为其风姿，更因为其身上那股敢于斗争、永不服输的劲头。艰难的环境摧不垮胡杨，越是艰苦的地方，胡杨越是生长茂盛。60多年前，第一代兵团人挺进戈壁荒滩、拉开了中国历史上规模最大的屯垦戍边序幕。住的是地窝子，点的是煤油灯，吃的是窝窝头，喝的是涝坝水，生产是靠人拉肩挑背扛，但兵团人没有退却、气馁，他们以大无畏的精神，把沙漠变成了绿洲，在戈壁滩上建起了城市。

胡杨扎根生长的地方，没有绿水、青山，只有大漠、黄沙，然而它们依然默默坚守沙海，在戈壁挺立，日复一日，年复一年。任大漠风沙伤害，它依然能存活下来，主要是因为它强大的根系，我们看到的胡杨林露出的枝干有20米左右，但是它的根深埋在地下的部分，会是枝干的20倍，甚至30倍。因为根深蒂固，哪怕被大漠风沙伤害，枝干表皮已经皲裂了，胡杨依然会保留着生的希望。因为胡杨的中心是空心的，可以用来储备水分，这些储存的水分既可以浇灌根部，又可以供应枝叶。当胡杨受到大漠风沙侵袭的时候，它会选择性地放弃叶子，甚至枝干，但是就算是整个地上的部分都没有了，都不要紧，因为胡杨一定会保留自己的根部。就算是放弃自己的枝干，放弃自己的外衣，只要有根生长，一旦遇到适合的条件，它就能迅速地变得枝繁叶茂，所谓枯木也能再逢春，指的就是胡杨。胡杨在面对生存的时候，要对抗生的欲望，才能在雨水充足的时候，不去疯狂地生长；在面对死亡的时候，也不会恐慌。对抗生的欲望，对抗死的恐慌，只为繁衍和梦想，同样是胡杨精神的体现。

在漫长的岁月中，胡杨进化出了惊人的耐寒、耐旱、耐盐碱能力，胡杨不仅能防风固沙，还能创造适宜的绿洲气候，改造土壤。胡杨身上体现出了抢抓机遇，永不放弃的精神。航天精神，就是像胡杨一样有顽强的生命力，像胡杨一样努力拼搏，像胡杨一样无私奉献的精神。它是一代代航天人力量和智慧的结晶，是一代代航天人品格和精神的浓缩。

（6）探月精神

2020年12月17日，嫦娥五号返回器携带月球土壤样品在内蒙古四子王旗着陆场安全着陆，中国首次月球采样返回任务获得圆满成功。习近平总书记发来贺电，深情勉励探月工程任务指挥部并参加嫦娥五号任务的全体同志：“人类探索太空的步伐永无止境。希望你们大力弘扬追逐梦想、勇于探索、协同攻坚、合作共赢的探月精神，一步一个脚印开启星际探测新征程，为建设航天强国、实现中华民族伟大复兴再立新功，为人类和平利用太空、推动构建人类命运共同体作出更大的开拓性贡献！”探月精神，既拓展了新时代航天精神的内涵，又丰富了中华民族的精神家园，其根本性价值既属于中国航天人，也属于全体中国人。

在中华民族“敢上九天揽月”的追梦征程中，2007年，嫦娥一号实现了我国首次月球环绕探测，获取了全月球影像图、月表化学元素分布、月表矿物含量、月壤分布和近月空间环境等方面的一批科学研究成果。2010年，嫦娥二号和地球的距离突破1亿千米，创造了中国航天器最远飞行纪录，并不断刷新宇宙深空的“中国高度”。2013年，嫦娥三号成功降落在月球虹湾地区，实现了月球软着陆，把“玉兔号”的足迹刻在了月球上，这是我国航天器首次降落在地球以外的天体。2018 年，嫦娥四号探测器通过“鹊桥”卫星中继通信，首次实现航天器在月球背面软着陆和巡视勘察，这是人类全面认识月球的又一壮举。2020 年，嫦娥五号探测器实现中国首次地外天体采样返回，将 1 731 克月球样品成功带回地球，标志着探月工程“绕、落、回”三步走圆满收官。

中国探月工程自批准立项以来，“一张蓝图绘到底”，“一条龙”攻关攻坚，“一盘棋”协同推进，“一体化”迭代提升，实现了“六战六捷”[1]。探月工程任务连续成功，凝结的是几代航天人的智慧和心血，依靠的是我们国家的综合实力，汇聚的是中国人民的整体力量，进一步增强了全国各族人民坚持和发展中国特色社会主义的决心和自信。集中力量办大事，是发展航天事业的重要保障和力量之源。只有团结协作，才能将最优势的力量、最宝贵的资源凝聚在一起。正是依靠协同攻坚的精神，我们才能在短时间内取得历史性突破，实现了“一代人干成了几代人的事”的壮举。中华民族正在“一步一个脚印开启星际探测新征程”。揽月而归，踏梦而行，中国航天人必将心怀梦想、奋勇拼搏，以探月精神逐梦星空，以奋斗姿态砥砺前行，让中国人的足迹抵达更加浩瀚深远的星辰大海，在奋力奔跑和接续奋斗中成就梦想。

3. 载人航天精神的形成发展过程

（1）载人航天精神的提出

新中国刚成立之时，这个饱经战乱的国家积贫积弱、百废待兴。面对这样的落后局面，毛泽东提出：“我国人民应该有一个远大的规划，要在几十年内，努力改变我国在经济上和科学文化上的落后状况，迅速达到世界上的先进水平。”科学的进步离不开优秀的科学家，新中国向广大科技工作者伸出了橄榄枝。在祖国和人民的召唤下，一大批身处海外科学家放弃国外优厚的待遇、优越的工作和生活条件，冲破重重阻力，义无反顾地回到祖国。

1956 年 10 月 8 日，国防部第五研究院正式成立。根据时任副总理聂荣臻的提议，经毛泽东、周恩来批准，确定国防部五院的建院方针是“自力更生为主，力争外援和利用资本主义国家已有的科学成果为辅”。这个方针孕育了我国最初的航天精神，核心就是“自力更生”。

1970 年 4 月 24 日，中国第一颗完全自主研制的人造卫星“东方红一号”发射成功，一曲《东方红》唱响世界。在即将发表的《新闻公报》稿上，周恩来加上了“坚持独立自主，自力更生”的字句，充分展现了中国航天人在航天事业上赶超世界先进水平的意志和决心。伟大的实践赋予了“自力更生”的航天精神更为深刻的含义。

① 陈雄．大力弘扬探月精神 [J]. 红旗文稿，2021（2）：37—39.

图 1：1970 年 4 月 24 日，“东方红一号”成功发射，《东方红》乐曲响彻寰宇

1986 年底，航天工业部在《关于贯彻党的十二届六中全会决议加强思想政治工作的决定》中，将 30 年航天事业伟大实践中创造的航天精神总结为“自力更生、大力协同、尊重科学、严谨务实、献身事业、勇于攀登”。此后根据中央精神，结合航天科技工业的具体特点，对航天精神作了新的概括和提炼。最终表述为“自力更生、艰苦奋斗、大力协同、无私奉献、严谨务实、勇于攀登”。1990 年 5 月，聂荣臻亲笔题写了这 24 个字。

1992 年，中国载人航天工程正式启动，并确立了“三步走”的发展战略。第一步，发射载人飞船，建成初步配套的试验性载人飞船工程，开展空间应用实验；第二步，突破航天员出舱活动技术、空间飞行器交会对接技术，发射空间实验室，解决有一定规模的、短期有人照料的空间应用问题；第三步，建造空间站，解决有较大规模的、长期有人照料的空间应用问题。自此之后，一代代航天人自力更生、接续奋斗，从无人飞行到载人飞行，从一人一天到多人多天，从舱内实验到出舱活动，从单船飞行到组合体稳定运行，先后突破了一大批具有自主知识产权的核心技术，用不到 30 年的时间跨越了发达国家半个世纪的发展历程。

载人航天工程，汇集了当今世界最顶尖的高新技术，具有极高的风险性和挑战性，不仅需要雄厚的经济实力和强大的科技实力做支撑，还需要巨大的精神力量来推动。在攀登这座现代科技高峰的征程中，传统航天精神被继承和发扬，铸就了新的载人航天精神。

神舟一号飞船于 1999 年 11 月 20 日 6 时 30 分发射，11 月 21 日 3 时 41 分返回；在太空中共飞行了 21 个小时，标志着我国载人航天技术获得了新的重大突破。11 月 24 日，江泽民参观神舟一号飞船返回舱时说：“我所有的千言万语，都代替不了你们所表现出来的爱国主义精神。”他说，航天科技工作者身上表现出来了强烈的使命感和事业心、爱国主义精神和奉献精神，是航天事业不断取得胜利的精神动力。

图 2:神舟一号飞船发射成功

神舟二号飞船于 2001 年 1 月 10 日 1 时发射，1 月 16 日 19 时 22 分返回,在太空飞行了 6 天零 18 小时 /108 圈。神舟二号任务的整体技术水平较神舟一号任务有了较大提升,我国离实现载人航天又近一步。

图 3:神舟二号飞船发射成功

2002 年 3 月 25 日,神舟三号飞船在酒泉卫星发射中心发射成功,江泽民发表重要讲话,他指出:航天科技队伍是一支特别能吃苦、特别能战斗、特别能攻关、特别能奉献的队伍。

图 4：神舟三号飞船发射成功

2002 年 12 月 30 日，神舟四号飞船在酒泉卫星发射中心发射升空，返回舱于 2003 年 1 月 5 日 19 时 16 分顺利降落在内蒙古中部地区的着陆场，在太空中共飞行了 6 天零 18 小时。神舟四号轨道舱在半年运行中，初步探明飞船运行轨道的空间环境状况，为中国下一步载人飞船的安全出行成功绘制了“安全路况图”。

图 5：神舟四号飞船发射成功

神舟五号飞船搭载航天员杨利伟于 2003 年 10 月 15 日 9 时整在酒泉卫星发射

中心发射,在轨运行 14 圈,历时 21 小时 23 分,其返回舱于北京时间 2003 年 10 月 16 日 6 时 23 分返回内蒙古主着陆场,其轨道舱留轨运行半年。神舟五号是中华人民共和国发射的第一艘载人航天飞船。神舟五号的成功发射实现了中华民族千年飞天的愿望,是中华民族智慧和精神的高度凝聚,是中国航天事业在 21 世纪的一座新的里程碑。中国成为世界上第三个能独立将人类送上太空的国家。2003 年 11 月 7 日,在中共中央、国务院、中央军委召开的庆祝我国首次载人航天飞行圆满成功大会上,胡锦涛指出,伟大的事业孕育伟大的精神。在长期的奋斗中,我国航天工作者不仅创造了非凡的业绩,而且铸就了特别能吃苦、特别能战斗、特别能攻关、特别能奉献的载人航天精神。

图 6:神舟五号载人飞船和首飞航天员杨利伟

神舟六号载人航天飞行是中国的第二次载人航天飞行任务、人类世界上第 243 次太空飞行。神舟六号于 2005 年 10 月 12 日发射升空,进入预定轨道;返回舱于 2005 年 10 月 17 日在内蒙古中部预定区域成功着陆,完成了“多人多天”航天飞行的任务。神舟六号载人航天飞行的成功,是中国载人航天工程继神舟五号首次载人飞行之后取得的又一具有里程碑意义的重大成果。2005 年 11 月 26 日,党中央、国务院、中央军委在人民大会堂隆重举行庆祝神舟六号载人航天飞行圆满成功大会。胡锦涛对载人航天精神作进一步阐述,载人航天精神主要表现为:热爱祖国、为国争光的坚定信念,勇于登攀、敢于超越的进取意识,科学求实、严肃认真的工作作风,同舟共济、团结协作的大局观念和淡泊名利、默默奉献的崇高品质。

图 7:神舟六号载人飞船和航天员费俊龙、聂海胜

(2)载人航天精神的传承与发展

经过几代航天人的接续奋斗,我国航天事业取得了长足的进步,走出了一条自力更生、自主创新的发展道路,辉煌的业绩为中国赢得了全世界的尊重。伟大事业孕育伟大精神,伟大精神引领伟大事业,中国航天事业能有今天的成就,离不开我国日益增强的综合国力,也离不开一代代中国航天人对航天精神的继承和发展。

神舟七号飞船于 2008 年 9 月 25 日发射升空,航天员翟志刚、刘伯明、景海鹏顺利飞上太空。9 月 27 日,翟志刚进行了 19 分 35 秒的出舱活动。这标志着中国成为世界上第三个掌握空间出舱活动技术的国家。神舟七号载人航天飞行实现了航天员出舱活动和小卫星伴飞,成功完成了多项技术试验,开启了中国的新篇章。

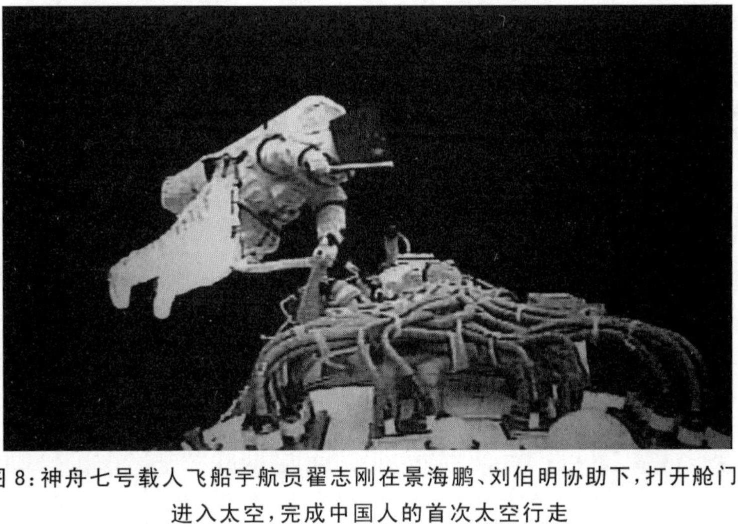

图 8:神舟七号载人飞船宇航员翟志刚在景海鹏、刘伯明协助下,打开舱门,进入太空,完成中国人的首次太空行走

神舟八号飞船和天宫一号目标飞行器对接是中国进行的首次交会对接航天飞行任务，也是中国“三步走”空间发展战略中建造空间站的重要前提。2011 年 11 月 1 日神舟八号飞船发射升空，进入预定轨道；于 2011 年 11 月 3 日与天宫一号完成刚性连接，形成了组合体；返回舱于 2011 年 11 月 17 日降落于内蒙古中部地区的主着陆场区，完成对接任务。神舟八号实现了中国空间技术的重大跨越，是中国载人航天事业发展历程中的重要里程碑。

图 9：神舟八号成功发射并与天宫一号实现首次和第二次自动空间交会对接

神舟九号飞船于 2012 年 6 月 16 日发射升空，执行我国首次载人交会对接任务。航天员景海鹏、刘旺、刘洋顺利进入太空。6 月 24 日，神舟九号航天员成功驾驶飞船与天宫一号目标飞行器对接，这标志着中国成为世界上第三个完整掌握空间交会对接技术的国家。神舟九号任务的圆满成功标志着载人航天工程第二步任务取得了重大成果，为今后的载人航天的发展、空间站的建设奠定了良好的基础。

图 10：神舟九号航天员刘旺、景海鹏、刘洋出征

神舟十号飞船于 2013 年 6 月 11 日发射升空。在轨飞行期间,神舟十号与天宫一号进行了一次自动交会对接和一次手控交会对接。航天员聂海胜、张晓光、王亚平在天宫一号开展了一系列空间科学实验和技术试验,并向全国青少年进行太空授课。对于神舟十号载人飞行,习近平总书记高度评价,指出其圆满成功“标志着我国载人航天工程第二步第一阶段完美收官”,“是我们在全面建成小康社会伟大进程中取得的又一重大历史性成就”。他说:“载人航天事业的成就,充分展示了伟大的中国道路、中国精神、中国力量,坚定了全国各族人民实现中华民族伟大复兴的中国梦的决心和信心。”

图 11:神舟十号载人飞船上,王亚平向全国青少年进行太空授课

神舟十一号飞船于 2016 年 10 月 17 日发射升空。10 月 19 日,神舟十一号与天宫二号自动交会对接成功。航天员景海鹏和陈冬入驻天宫二号空间实验室,进行了为期 30 天的太空驻留生活。神舟十一号实现中国载人航天工程“三步走”中从第二步到第三步的过程,为中国空间站建造运营和航天员长期驻留奠定了坚实的基础。

图 12:神舟十一号载人飞船航天员景海鹏、陈冬

2021年6月17日，搭载神舟十二号载人飞船的长征二号F遥十二运载火箭，在酒泉卫星发射中心点火发射。此后，神舟十二号载人飞船与火箭成功分离，进入预定轨道，顺利将聂海胜、刘伯明、汤洪波3名航天员送入太空，发射取得圆满成功。这是我国载人航天工程立项实施以来的第19次飞行任务，也是空间站阶段的首次载人飞行任务。飞船入轨后，将按照预定程序，与天和核心舱进行自主快速交会对接。

图13：神舟十二号载人飞船航天员聂海胜、刘伯明、汤洪波安全返回，状态良好
（图片：酒泉卫星发射中心东风电视台的记者们）

神舟十三号是中国空间站关键技术验证阶段第6次飞行，也是该阶段最后一次飞行任务，按照计划部署，神舟十三号航天员乘组在轨驻留6个月。2021年6月，神舟十三号载人飞船整装待发，具备快速发射和应急救援能力。9月20日，满载货物的天舟三号货运飞船先一步驶入太空，成功对接空间站。10月7日，据中国载人航天工程办公室消息，神舟十三号载人飞船与长征二号F遥十三运载火箭组合体已转运至发射区。2021年10月16日0时23分，搭载神舟十三号载人飞船的长征二号F遥十三运载火箭，在酒泉卫星发射中心按照预定时间精准点火发射，约582秒后，神舟十三号载人飞船与火箭成功分离，进入预定轨道，顺利将翟志刚、王亚平、叶光富3名航天员送入太空，飞行乘组状态良好，发射取得圆满成功。10月16日6时56分，神舟十三号载人飞船与空间站组合体完成自主快速交会对接。11月5日，据中国载人航天工程办公室消息，神舟十三号航天员乘组将于近日择机执行第一次出舱活动。11月7日消息，神舟十三号飞行乘组进行首次在轨紧急撤离演练；同日晚，神舟十三号航天员乘组进行出舱活动。同日晚20时，据央视新闻消息，神舟十三号航天员翟志刚已经出舱。2021年12月26日，神舟十三号航天员乘组进行第二次出舱活动。

图 14：神舟十三号载人飞船航天员翟志刚、王亚平、叶光富出征（图片：汪江波　吴雨阳　朱欣）

神舟十四号载人飞行任务是中国空间站建造阶段第二次飞行任务，也是该阶段首次载人飞行任务，航天员乘组在轨工作生活 6 个月，任务主要目的为：配合问天实验舱、梦天实验舱与核心舱的交会对接和转位，完成中国空间站在轨组装建造；完成空间站舱内外设备及空间应用任务相关设施设备的安装和调试；开展空间科学实验与技术试验；进行日常维护维修等相关工作。2022 年 6 月 5 日 10 时 44 分，搭载神舟十四号载人飞船的长征二号 F 遥十四运载火箭在酒泉卫星发射中心点火发射，约 577 秒后，神舟十四号载人飞船与火箭成功分离，进入预定轨道，飞行乘组状态良好，发射取得成功。2022 年 6 月 5 日 17 时 42 分，成功对接于天和核心舱径向端口，整个对接过程历时约 7 小时。2022 年 12 月 4 日 20 时 09 分，神舟十四号载人飞船返回舱在东风着陆场成功着陆。

图 15：2022 年 6 月 5 日 10 时 44 分，搭载神舟十四号载人飞船的长征二号 F 遥十四运载火箭在酒泉卫星发射中心点火发射（新华社记者　李刚　摄）

神舟十五号飞行任务是中国载人航天工程 2022 年的第六次飞行任务，也是中国空间站建造阶段最后一次飞行任务，航天员乘组将在轨工作生活 6 个月，任务主要目的为：验证空间站支持乘组轮换能力，实现航天员乘组首次在轨轮换；开展空间站舱内外设备及空间应用任务相关设施设备安装与调试，进行空间科学实验与技术试验；进行空间站日常维护维修；验证空间站三舱组合体常态化运行模式。神舟十五号飞行乘组由航天员费俊龙、邓清明和张陆组成，费俊龙担任指令长 。2022 年 11 月 29 日 23 时 08 分，搭载神舟十五号载人飞船的长征二号 F 遥十五运载火箭在酒泉卫星发射中心点火发射，约 10 分钟后，神舟十五号载人飞船与火箭成功分离，进入预定轨道，发射取得成功。11 月 30 日 7 时 33 分，神舟十五号 3 名航天员顺利进驻中国空间站，与神舟十四号航天员乘组首次实现“太空会师”。2023 年 2 月 10 日 00 时 16 分，经过约 7 小时的出舱活动，神舟十五号航天员费俊龙、邓清明、张陆密切协同，完成出舱活动全部既定任务。

图 16：2022 年 11 月 30 日在酒泉卫星发射中心拍摄的神舟十五号航天员乘组与神舟十四号航天员乘组太空合影的画面。（新华社记者 郭中正摄）

神舟十六号载人飞船于 2023 年 5 月 30 日从酒泉卫星发射中心发射升空，与天和核心舱对接形成组合体。随后，3 名航天员从神舟十六号载人飞船进入空间站天和核心舱，与神舟十五号航天员乘组顺利会师。作为首批执行空间站应用与发展阶段载人飞行任务的神舟十六号航天员乘组，景海鹏、朱杨柱、桂海潮 3 名航天员在轨驻留 154 天，期间进行了 1 次出舱活动和中国空间站第四次太空授课活动，配合完成空间站多次货物出舱任务，为空间站任务常态化实施奠定了基础。

此次任务是我国载人航天工程进入空间站应用与发展阶段的首次载人飞行任务，在航天员乘组和地面科研人员密切配合下，开展了人因工程、航天医学、生命生态、生物技术、材料科学、流体物理、航天技术等多项空间科学实（试）验，在空间生命科学与人体研究、微重力物理和空间新技术等领域取得重要进展，迈出了载人航天工程从建设向应用、从投入向产出转变的重要一步。

图 17：2023 年 5 月 30 日，神舟十六号载人飞船与火箭成功分离，进入预定轨道，航天员乘组状态良好，发射取得圆满成功。（新华社记者 李刚 摄）

回望“神舟”的飞天航迹，中华民族“摘星揽月上九天”的梦想一步步变为现实。从1992年9月21日中国载人航天工程正式立项实施，到2022年12月31日国家主席习近平在新年贺词中向全世界郑重宣布“中国空间站全面建成”，从蓝图绘梦到奋斗圆梦，几代中国航天人用了整整30年，完成了“三步走”战略任务，建成了自主建造、独立运行的“天宫”空间站，在建设航天强国、攀登科技高峰的征程上增添了彪炳史册的里程碑。

党的十八大以来，中国在载人航天、卫星通信、火箭技术等多个领域硕果累累，令国人备感自豪。这些成就彰显了不同凡响的中国风采，凝聚着实现中华民族伟大复兴的强大力量。同执行任务的航天员展开“天地通话”、给参与“东方红一号”任务的老科学家回信、多次亲切会见航天工作者……党的十八大以来，习近平总书记一直高度关心我国航天事业的发展，在不同场合对发展航天事业作出重要论述，对建设航天强国作出一系列重要部署。“航天梦是强国梦的重要组成部分。”习近平总书记说，探索浩瀚宇宙，发展航天事业，建设航天强国，是我们不懈追求的航天梦。载人航天工程，既是对我国尖端技术和创新能力的综合检验，也是对中华民族精神的充分展示。2016年12月，习近平总书记在会见天宫二号和神舟十一号载人飞行任务航天员及参研参试人员代表时，概括总结了“特别能吃苦、特别能战斗、特别能攻关、特别能奉献”的“载人航天精神”，并鼓励大家勇攀高峰、不断前行，为建设航天强国和世界科技强国建功立业。

今天的航天人，年轻、有朝气、充满活力。以中国空间技术研究院为例，院内技术人员平均年龄在35岁以下，型号研制一线人员，青年比例超过70%，45岁以下的型号总设计师或总工程师占46.8%，35岁以下的主任设计师占28.3%。这些年轻的航天工程师们继往开来，继承和发扬着伟大的航天精神，担负着当代航天事业的艰巨使命①。以“交会对接团队”“嫦娥团队”“北斗团队”“余梦伦班组”以及新时期扎根三线的“大巴山八百壮士”为代表的先进集体不断涌现。

航天精神在引领我国航天事业奋勇向前的同时，也为服务经济社会发展、增进民生福祉提供强大的精神动力。2016年3月8日，国务院批复同意自2016年起，将每年4月24日设立为“中国航天日”，以纪念中国航天事业成就，传承中国航天精神。

“十四五”及未来一段时期是中国航天事业发展的战略机遇期。新形势下，中国航天人将继续发扬航天精神，在重点领域集中力量克难攻坚，在关键核心技术上取得突破，推动我国由航天大国向航天强国迈进，让中国梦与航天梦相互激荡，凝聚中国各民族大团结的力量，不断开创中华民族伟大复兴的新局面。

① 刘洋．航天五院人力资源发展规划研究[D]．哈尔滨：哈尔滨工业大学，2012.

（二）载人航天精神的时代价值

1. 载人航天精神是中华民族的宝贵精神财富

习近平总书记在党的二十大报告中强调，从现在起，中国共产党的中心任务就是团结带领全国各族人民全面建成社会主义现代化强国、实现第二个百年奋斗目标，以中国式现代化全面推进中华民族伟大复兴。从中华民族伟大复兴的中国梦来看，载人航天精神就是中国共产党人在科技领域奋力拼搏的精神缩影。中华人民共和国的航天事业起始于1956年，在中国共产党的领导下，正是有一批批科研技术人员奔赴环境恶劣的戈壁滩开展工作，中国航天才能在西方国家技术封锁的形势下，自力更生、自主创新，冲破重重阻碍，取得累累硕果。因此，载人航天精神生动展现了中国共产党人的精神品格，是中国共产党精神谱系的重要组成部分，是中华民族宝贵的精神财富。

艰苦条件锤炼了中国航天人特别能吃苦的精神。天下艰难际，奋斗造英雄。习近平总书记指出，一百年来，我们取得的一切成就，是中国共产党人、中国人民、中华民族团结奋斗的结果。党的伟大事业如同一场接力赛，不会一蹴而就，也绝不是轻轻松松、敲锣打鼓就能实现的，而需要锲而不舍地艰苦奋斗。载人航天也是如此，中国航天事业是在极其艰苦和困难的条件下起步的。我国载人航天起步晚、基础弱、底子薄，一代代航天人在艰苦的科研条件下咬牙坚持，在排挤和封锁中自力更生、艰苦奋斗，最终实现了中国载人航天技术从无到有、由弱到强的突破。广大航天工作者为了早日实现飞天梦想，栉风沐雨，不辞辛劳，克服了无数困难，作出了巨大牺牲。大力弘扬载人航天精神，就是要像他们那样，为了祖国和人民的事业，以苦为荣，以苦为乐，埋头苦干，艰苦创业。

严峻挑战铸造了中国航天人特别能战斗的精神。志不求易者成，事不避难者进。敢于斗争是中国共产党的鲜明品格，中国共产党依靠斗争走到今天，也必然要依靠斗争赢得未来。载人航天是当今世界高新科技最具挑战性的领域之一，是人类航天活动中规模最庞大、系统最复杂、技术难度最高、可靠性要求最严和风险挑战最大的系统工程，可以说是真正的“与天斗”。科研人员一次次向艰难险阻发起进攻，航天员一次次向生理和心理极限发起冲击，表现出钢铁般的意志和坚韧不拔的毅力，克服了一道道难关，突破了一个个阻碍，让中国人的足迹留在了太空，让中国人探索太空的步伐走得更稳更远。中国航天人组成了这样一个能打硬仗的战斗集体。大力弘扬载人航天精神，就是要像他们那样，面对困难和挑战，不畏艰险，知难而进，一往无前，敢于胜利。

崇高使命焕发了中国航天人特别能攻关的精神。路漫漫其修远兮，吾将上下而求索。习近平总书记指出，没有远大理想，不是合格的共产党员；离开现实工作而空谈远大理想，也不是合格的共产党员。载人航天是技术密集度高、尖端科技聚集的高科技事业，难度大、风险大，是当今世界高新技术发展水平的集中展示，是衡量一个国家综合国力的重要标志。努力在世界高新技术领域占有一席之地，自立于世界民族之林，这是几代航天人的雄心壮志。我国载人航天工程在一代又一代航天人艰苦创业、奋力攻关的基础上，始终坚持高起点发展，瞄准当今航天科技发展前沿，进行大量卓有成效的自主创新，突破和掌握了一批核心技术，取得了一次又一次重大进展。大力弘扬载人航天精神，就是要像他们那样，在攀登科学高峰的征途上，刻苦钻研，严细慎实，不懈探索，勇于创新。

团结奋斗培育了中国航天人特别能奉献的精神。为有牺牲多壮志，敢教日月换新天。中国共产党从创立之初就把为中国人民谋幸福、为中华民族谋复兴作为自己的初心和使命，而且具有甘于奉献、不怕牺牲的精神。甘于奉献是因为心中有人民，不怕牺牲是因为信仰足够坚定。我国载人航天工程是中国航天史上规模宏大的系统工程。工程涉及众多高新技术领域，汇聚全国数千个单位、几十万科技人员，形成了空前的社会大协作体系。广大航天工作者不论前方后方，不计名利得失，履行职责，坚守岗位，形成了强大合力。中国航天事业的发展史，就是一部航天事业从无到有、从弱到强的创业史和奋斗史，这期间的艰辛无一不体现着一代代航天人的牺牲和奉献，他们始终怀着“功成不必在我，功成必定有我”的奉献精神和牺牲精神，始终坚持国家至上、人民至上的坚定信念，始终坚守为祖国和人民出征的崇高品格，不慕名利、不计得失，用青春和热血谱写飞天壮举。大力弘扬载人航天精神，就是要像他们那样，为了一个共同目标，淡泊名利，甘于奉献，团结一心，共创伟业。载人航天精神不仅是中国航天人的精神财富，也是中华民族的宝贵精神财富，必将激励中华民族开拓进取、奋勇直前，取得更加辉煌的成就，实现中华民族伟大复兴的中国梦。

2. 载人航天精神指引自主创新之路

习近平总书记在党的二十大报告中指出：“必须坚持科技是第一生产力、人才是第一资源、创新是第一动力，深入实施科教兴国战略、人才强国战略、创新驱动发展战略，开辟发展新领域新赛道，不断塑造发展新动能新优势。”“加快实施创新驱动发展战略。加快实现高水平科技自立自强。”新时代这十年，我国基础研究和原始创新不断加强，一些关键核心技术实现突破，战略性新兴产业发展壮大，载人航天、探月探火、深海深地探测、超级计算机、卫星导航、量子信息、核电技术、大飞机制造、生物医药等取得重大成果，进入创新型国家行列。

1992 年，党中央作出实施载人航天工程的重大战略决策，并确定了我国载人航天“三步走”的发展战略。在航天报国和科技强国的伟大实践中，航天人铸就了“特别能吃苦、特别能战斗、特别能攻关、特别能奉献”的载人航天精神。

习近平总书记在会见天宫二号和神舟十一号载人飞行任务航天员及参研参试人员代表时强调：“希望广大航天人在航天事业发展的征程上勇攀高峰、不断前行，为建设航天强国和世界科技强国建功立业。”航天科技是科技进步和创新的重要领域，航天科技成就是国家科技水平和科技能力的重要标志。中国航天以三大里程碑为标志的创新实践，突破了一系列关键技术，取得了巨大成功，使中国在世界航天科技领域中占有了自己的一席之地。航天事业的发展将更有力地带动微电子技术、计算机技术、光电技术、新材料技术、生物技术、纳米技术等高新技术的发展，对国民经济的发展产生更大的推动力，推动中国早日成为世界科技强国。

载人航天是当今世界高新技术发展水平的集中展示，是衡量一个国家综合国力的重要标志。早在“两弹一星”时代，严峻的现实就告诉我们：实现原子弹、导弹和人造卫星等尖端科技的突破，不能依赖别人，只能依靠自己。实践证明，核心尖端的科学技术是买不来的，即使有些成果一时可以从国外引进，但如果我们不能消化吸收和再创新，最终还是会受制于人。经过坚持不懈努力、脚踏实地创造，我们完全依靠自己的智慧和力量，连续把自主研制的载人飞船和自己培养的航天员送上了太空，表现出了中国人在自主创新方面的能力，体现了中国人自力更生、艰苦创业的精神。我国载人航天工程的壮举充分表明，中华民族是具有非凡智慧和伟大创造力的民族，是勤劳勇敢、自强不息的民族，我们有志气、有信心、有能力在世界尖端科技领域取得一席之地，为人类和平与发展的崇高事业作出自己的贡献。

神舟十三号任务是我国空间站阶段的第二次载人飞行任务。3 名航天员将在太空驻留 6 个月，开展多领域的空间应用，并在轨验证一系列空间站建造和运营的关键技术。中国实施载人航天工程 29 年来，以令人惊叹的速度一路追赶、并跑、超越，跨越了发达国家半个多世纪的发展历程。而它所孕育和承载的载人航天精神是中国航天人在建设科技强国、航天强国征程上树立的又一座精神丰碑。

在长期的奋斗中，我国航天工作者以惊人的毅力和勇气战胜了各种难以想象的困难，攻克了一个又一个国际宇航界公认的尖端课题，掌握了一项又一项具有自主知识产权的核心技术，走出了一条高起点、高质量、高效益、低成本的航天发展道路。不仅创造了非凡的业绩，而且铸就了特别能吃苦、特别能战斗、特别能攻关、特别能奉献的载人航天精神。传承弘扬载人航天精神，要进一步加强创新人才的教育培养，把教育摆在更加重要的位置，全面提高教育质量；要尊重人才成长规律和科研活动自身规律，培养造就一批高水平科技人才和创新团队；要高度重视青年科技人才成长，使他们成为科技创新主力军，各个领域共育新人、共建航天科技强国。载人航天工程的伟大实践再次告诉我们，创新是一个民族进步的灵魂，是一个国家兴旺发达的不竭动力，要以载人航天精神指引自主创新之路。

新时代弘扬载人航天精神，必须坚持走中国特色科技创新发展之路。党的十八大以来，国家全面实施创新驱动发展战略，确立创新是引领发展的第一动力。载人航天工程作为建设科技强国、航天强国的重要引领性工程，取得了举世瞩目的成绩。新时代弘扬载人航天精神，要立足世界新一轮科技革命和产业变革同我国转变发展方式的历史性交汇期，把载人航天事业放在国际战略格局和国家安全形势深刻变化的大背景下来认识和筹划，积极发挥载人航天科技创新“策源地”的引领作用，加强顶层设计，统筹推进关键核心领域技术创新发展，优化改进重大专项工程管理模式和机制，培育一批具有示范效应的新概念、新技术、新方法，使之成为国家战略科技力量的重要支撑和关键核心。

3. 载人航天精神促进人类文明发展

一部人类文明史就是一部发愤图强、不断创新、不断进步的历史。一切先进的科学技术成果都是人类文明的一部分。纵观人类发展史，创新始终是一个国家、一个民族发展的重要力量，也始终是推动人类社会进步的重要力量，空间技术深刻改变了人类对宇宙的认知，为人类社会进步提供了重要动力。同时，浩瀚的太空还有许多未知的奥秘有待探索，必须推动空间科学、空间技术、空间应用全面发展。

经过半个多世纪的发展，空间技术已成为促进人类文明发展和社会进步的重要推动力量。太空领域的国际合作，是打造人类命运共同体的重要组成部分。中国空间站的建成和使用，将为人类经济社会发展和外空探索作出更多中国贡献，提供更优中国方案。新时代弘扬载人航天精神，要始终坚持开放共赢的理念，加快探索多国合作发展模式，建立健全载人航天工程国际合作发展机制，打通载人深空探测国际合作发展路径，开展大规模多领域科学实验和技术试验，推动空间科学、生命科学发展，辐射带动相关领域技术创新。

从“东方红一号”到“神舟”，从“嫦娥”“玉兔”到“天宫”“天问”，遥远星空不仅寄托着中国人民千百年来探索宇宙的美好梦想，也镌刻下中国不畏艰难、追求科技创新的铿锵步伐。1992 年，党中央作出实施载人航天工程“三步走”发展战略；2003 年，中国第一艘载人飞船发射成功；过去一年多，中国实现探测器带回月球样本、火星车成功驶上火星表面、航天员进驻中国空间站。国际社会惊叹，中国正在加速迈向航天强国。

中国载人航天事业的成就，充分展示了伟大的中国道路、中国精神、中国力量，坚定了全国各族人民实现中华民族伟大复兴的中国梦的决心和信心。“自立自强　创新超越”，神舟十二号载人飞船发射瞬间，写在酒泉卫星发射中心的这八个字格外醒目。它昭示着中国载人航天事业的精神内涵，也彰显出中国实现跨越式发展的内在逻辑。没有任何困难和挑战能够阻挡中国载人航天事业实现一次又一次突破，中国建设科技强国、实现高水平科技自立自强的步伐不可阻挡，中国人民迈向现代化的历史进程同样不可阻挡。

中国不仅追求高水平科技自立自强，也始终秉持开放合作、互利共赢理念。外层空间是全世界人民的共同财富，探索宇宙是全人类共同的事业。中国始终按照“和平利用、平等互利、共同发展”原则与有关国家和地区开展国际合作与交流，展现出大国担当与风范。中国载人航天工程自立项实施以来，与俄罗斯、德国、法国、比利时、意大利等国家的航天机构，以及联合国外空司、欧洲航天局等国际航天组织开展了广泛合作与交流。中国正在与法国、意大利、巴基斯坦等国家围绕在空间站开展空间实验进行双边合作交流。中国空间站核心舱和实验舱上均配备标准化的载荷接口，具备开展各类科学实验国际合作的能力，将使中国空间站成为一个造福全人类的太空实验室。

在中国共产党领导下，中国将继续本着为全人类谋福祉的精神，以开放包容姿态推进国际合作，为探索宇宙奥秘、促进人类和平发展的崇高事业作出新的更大贡献。

二、梅花香自苦寒来
——“特别能吃苦”精神培养

（一）“特别能吃苦”的内涵及典型人物事迹分析

“特别能吃苦”的载人航天精神，不单指忍受物质条件的艰苦，还包括克服身体的辛苦、战胜意志的困苦。可以说，面对困难百折不挠的韧性和毅力，成就了一代又一代航天人。一部载人航天事业发展史，就是一部攻坚克难奋斗史。面对极其艰苦的自然条件和技术限制，载人航天战线发扬不怕吃苦、敢于吃苦、甘于吃苦的精神，砥砺奋进、苦干实干，创造了载人航天事业连战连捷的伟大成就。

中国载人航天事业是在极其艰苦和困难的条件下起步的。冬日的戈壁滩深处，一望无垠、寒风凛冽；夏日的荒漠，每一粒沙子都蒸腾着热气；深夜的研究室灯火通明，装配车间马达轰鸣……特殊的试验要求和繁重的研制任务，使得艰苦的工作环境成为航天人的标配，夜以继日地工作成为航天人的常态。然而，中国航天人没有被吓倒，他们咬紧牙关，一次次向艰难险阻发起进攻，一次次向生理和心理极限发起挑战。承担载人航天大地测量任务的人员，他们的足迹甚至遍布“死亡之海”塔克拉玛干沙漠、“魔鬼城”罗布泊和海拔 5 000 米以上的“生命禁区”[①]。对他们而言，只要任务有需要，就没有抵达不了的地方；每一个深夜里，都有他们辛劳的身影。

知道干航天苦，但航天人却甘愿吃苦。在荒凉、苦寒的荒漠上，他们不分白天黑夜地超负荷工作，默默承受着常人难以想象的困难和压力，终于在河西走廊上建起能够担负载人航天任务的东风航天城，并攻克众多技术难关，研制开发出神舟系列飞船。

面对晚于国外的现状，成千上万的科研人员白手起家昼夜攻关；在自然环境恶劣的大漠戈壁顶烈日冒风沙，开建载人航天发射场；面对测试发射没有工作流程的窘境，十几个人组成的课题组从零起步全国奔波调研两千多个日夜，设计出全新的测试发射工艺流程……再大的困难都吓不倒中国航天人，他们以苦为荣、以苦为乐、埋头苦干，一次次向艰难险阻发起进攻，一次次向生理和心理极限发起挑战。

1998 年 1 月 5 日，由 14 名预备航天员组成的我国第一个航天员大队正式成

① 高等学校中国共产党革命精神与文化资源研究中心．永不褪色的精神丰碑 [M]. 北京：中国人民大学出版社，2019.

立。天空与太空,虽一字之差。但等待他们的,却是长达 5 年的艰苦训练。这种训练被苏联航天员列奥诺夫形象地称为“上天的阶梯”,包含了众多艰苦万分的训练。

在基础理论学习阶段,航天员要学 58 门课程 3 000 多个学时。在高速旋转的离心机里,常人只能承受 3~4 g(重力加速度的单位, 1g 约为 10 m/s^2)的重力加速度,航天员却要承受 40 s 的 8 g 的重力加速度。训练中,他们的五官被挤压变形,眼泪不自觉地往外飞,胸部极度压抑,呼吸非常困难,手臂抬不起来。对于受训的航天员来说,每一分每一秒都是煎熬。一位航天员的母亲看后,一边流泪一边不住地摆手说:“不看了,不看了!”此刻,她的骄傲荡然无存,剩下的只是心疼——航天员训练太苦了。

训练时,航天员手边有一个红色的按钮,一旦感觉自己坚持不住了,只要按下这个按钮,训练马上就会终止。然而却没有一名航天员主动按下过这个按钮。多年以后,杨利伟在书中写道:“当一件事儿坚持到快要坚持不下去的时候,实际上就接近成功了。”

这种“特别能吃苦”的精神,还在试验场传承。飞船返回舱试验需要借助飞机,在万米高空进行。“正好赶上三九寒天,飞机上非常冷,冻得手脚都麻木了,飞机舱门打开后,高空氧气不足,人都要戴上氧气罩,把返回舱从万米高空投向地面。”在神舟号飞船首任总设计师戚发轫的记忆里,许多试验要露天做,“不管是阴天、雨天、三伏天、三九天,试验是不能停的。”

可以说,“特别能吃苦”精神是由载人航天领域的特别工作环境锤炼而成的。而正是在这种精神的激励下,参与工程研制、建设和试验的中国航天人,才能战胜各种难以想象的困难,实现了中华民族的千年飞天梦想。载人航天工程作为具有跨时代促进作用的重大政治工程和战略工程,已经成为展现综合国力的重要标志。“没有艰辛就不是真正的奋斗”。无论形势如何发展变化,我们都要永葆艰苦奋斗本色,以时不我待、只争朝夕的精神攻坚克难,在全面建设社会主义现代化国家新征程上阔步前行。

【知识拓展】 航天发射场的“穆桂英”①

张瑶瑶,山东安丘人,1988 年 10 月出生,南开大学硕士研究生,2013 年 6 月毕业后来到酒泉卫星发射中心工作,现为测发部门工程师,航天发射场供配电专业和航天器装测方向骨干,参与执行神舟十二号、神舟十三号载人飞船发射等多次航天发射任务,被誉为航天发射场的“穆桂英”。

2013 年刚来到单位时,张瑶瑶从事供配电专业。“一开始还是有些失落的,不仅因为专业不对口,而且也因为没有从事想象中直接接触火箭产品的工作。”在组织的关心和帮助下,随着对地面设备工作有了越来越多的认识和了解,张瑶瑶对自己的岗位有了重新的定位和认识——岗位无大小,航天发射离不开任何一个平凡的岗位。她给自己重新树立目标:既然来了,就要做一个精通业务、独立担当的专业

① 江佳丽.“航天巾帼”航天发射场的“穆桂英”[EB/OL]. [2022-03-02].https://mp.weixin.qq.com/s/T22-5ZjKX8O-Jyi2IkOkfzQ.

能手！

有了目标也就有了动力，在半年时间里，她天天泡在各种各样的数据图纸中，学习供配电专业的国家规范、航天规范，掌握设备的原理、参数、接口关系，遇到不懂不会的问题及时向老同志请教，在任务执行和问题排查分析中加强学习理解。很快，张瑶瑶成长为一名配电专业骨干，在任务中也能独立分析和解决问题，得到同事和领导的认可。

2017 年 10 月，根据组织安排，张瑶瑶投入全新的领域——航天器装测。然而，面对新挑战，光凭着一腔热血是不够的，只有俯下身子，踏踏实实地深入钻研才能有所成就。

在航天器装测领域，没有经验借鉴，没有老同志帮带，更没有相关的资料文书，下厂学习几乎全单位出动。凭着对航天事业的热爱和身上担负的责任，张瑶瑶和单位其他同志一样，牢牢抓住下厂学习以及专家授课交流的机会，主动学教材、"啃"课件，刨根问底解决自己的疑惑问题。在北京学习时，张瑶瑶的孩子还小，每天晚上都是在厂家学习室里通过微信视频把孩子哄睡后，再继续回顾、理解、消化当天的所学内容。

在任务现场，张瑶瑶不放过与国内航天器领域的专家和试验队专业人员沟通交流的机会，边跟踪任务边学习、交流体会。在跟踪测试基础上，结合自己的学习笔记，独立完成了某任务资料编写，参与完成了《仿真训练系统操作规程》及《小微卫星原理与测试》等教材编写，整理出一系列室内学习材料。

2021 年，张瑶瑶执行飞船系统测试跟踪任务。张瑶瑶说："这也是我第一次跟踪飞船任务，近距离接触飞船，内心既自豪又忐忑。单位领导看出了我的紧张和不安，专门找我谈话，给我释放压力、加油鼓劲。"有了组织的鼓励和肯定，张瑶瑶放下思想包袱，把两个孩子全权交给父母照顾，克服哺乳期个人困难和时间紧、任务重、疫情防控形势严峻等诸多不利因素，加班加点跟踪把关，充分发挥主人翁精神，严格现场管理，确保试验现场秩序。

执行任务过程中，她参与编写了任务保障方案、应急处置演练实施方案等多份试验文书；认真记录飞船在发射场测试、总装、加注等工作流程，整理出十余份跟踪记录和报告，获取了准确无误的数据。任务结束后，对大量数据进行了深入细致的分析比对，为后续任务提供了坚实的数据支撑。

现在，青春是用来奋斗的；将来，青春是用来回忆的。当前，中心为科技人员播撒青春、成长成才提供了广阔舞台。张瑶瑶自豪地说："在以后的日子里，我定将继续秉承老一辈创业者的革命斗志，坚守初心，努力拼搏，在实践中探索，在岗位中历练，为实现中国梦、航天梦奉献青春、贡献力量。"

图 18：张瑶瑶工作照

【知识拓展】 何建军：用专注演绎航天人的工匠精神 ①

荀子云："蚓无爪牙之利，筋骨之强，上食埃土，下饮黄泉，用心一也。"三百六十行，各行各业都有专注于职业而心无旁骛，坚守领域不曾二心的工匠，他们都是专业里的翘楚、领域里的标杆。

酒泉卫星发射中心发射测试站，就有这样一位高级技师——何建军，参加工作二十多年来，先后参加"神舟"号飞船（11 次）、"天宫一号"、"天宫二号"发射等百余次航天发射任务，担任航天员用氧和氧氮混合气体制配、飞船火箭供配气等关键技术工作，荣获曾宪梓载人航天基金奖 1 次，在国内第一台供气空混车研制中，研究成果填补了国内空白。他是名副其实的"大国工匠"。

1998 年，正处于单位供气系统设备安装和部分设备调试阶段，何建军白天在调试现场跟踪学习、钻研图纸、记录笔记，晚上回到宿舍梳理资料、学习理论、查漏补缺。有一次，在某任务高纯氮气设备调试中，为掌握设备原理和操作要求，何建军整整三天三夜吃住在机房，不懂就问、不会就学、不行就练。正是凭着这股执着、拼命的干劲，两年后，何建军熟练掌握了本系统工作流程及 78 台套设备的性能原理，整理出 30 万字的学习资料。

"任务需要就是最大的需要，作为一名航天人就要像螺丝钉一样铆在自己的岗位上，为航天事业贡献自己的力量。"这是何建军经常挂在嘴边的一句话。

2012 年，正值神舟九号飞船任务测试阶段，何建军突然接到上级通知，"航天员用气中四氯化碳指标严重超标，立即前往排故。"四氯化碳有剧毒，若不能及时找出问题原因，重新混合合格气源，势必影响航天员生命安全。

此时，距离任务关键节点仅剩 48 小时，何建军强迫自己冷静下来，在脑海里反复重演整个流程，最终将超标原因锁定在专业人员采用四氯化碳清洗压力表的那一

① 王明艳．何建军：用专注演绎航天人的工匠精神 [EB/OL]. [2021-03-22].https://mp.weixin.qq.com/s/sBQi6i1X-c3PG9qctuWBCEQ.

幕。拟定处置方案、排放气体、清洗压力表，最终在任务正式用气前5小时，重新制配出装备用气。

“气体指标检测合格！”当听到这个好消息时，连续奋战两天两夜的何建军倒了下去……

氧氮混合气体具有洁净度要求高、气体压力高、危险系数高的“三高”特点，为了便于飞船用气的混合、存储和运输，何建军参与研制了我国首辆增压混气气源车。

研制过程中，最大的技术难点在于氧氮混合气配比。为了攻克这一技术难题，何建军带领专业人员不分昼夜、加班加点，经过数百上千次的模拟试验和大量的推演计算，最终摸索出“先充氧后充氮”的三步精确混合配比法。同时，在高压氧气安全、气瓶内部洁净度处理等关键环节上，创新性地提出了滚动清洗氧气瓶、管道洁净度控制等8项措施，有效确保了研制顺利进行，他的研究成果分别在《宇航学会》和《东风航天》刊物发表，填补了国内在高压状态下混合配比的空白。

凭借二十几年的工作经验，他总结出了一套通过摸设备温度、听设备运行声音、闻环境有无异常气味、看设备运行参数的“摸、听、闻、看”判断故障的方法。一次任务中，何建军在高达115分贝的噪声环境中，敏锐发现某设备异响，他果断停机检查，迅速处理故障，整个过程只用到了短短几分钟。

这些年何建军带领团队申报完成了5个科研项目，申报1项成果奖和1项发明专利，发表科技论文4篇。

船舶爱海洋、飞机爱蓝天；如果你问何建军爱什么，他一定会说，气瓶库是他一生的最爱。每一次都能高标准生产出任务所需气体，是他不变的梦想。

图19：何建军监听设备运行声音

【知识拓展】 于敏：创造世界纪录的“氢弹之父”①

一句嘱托，许下了一生。一声巨响，惊诧了世界。一个名字，荡涤了人心。28年

① 喻思南．中国“氢弹之父”于敏——他的名字曾绝密二十八年[N]．人民日报，2021-01-06(12)．

来，他一直隐姓埋名，荣获了“两弹一星”功勋奖章，他就是“共和国勋章”获得者，“中国氢弹之父”——于敏。

1926年8月，于敏出生在河北省宁河县(今天津市宁河区)。1944年，于敏考入北大机电系，大学毕业后一直致力于原子核理论研究，并且很快填补了我国在这一领域的空白，正处于原子核理论研究巅峰时期的于敏依然服从国家的安排，投身于氢弹理论的探索研究工作，一切从零开始。这一次转行改变了于敏的一生，开启了他28载隐姓埋名的攻坚克难。1965年，于敏率领科研团队来到上海华东计算所对加强型原子弹进行优化设计，当时全国仅有一台每秒万次的计算机，要解决来自各方的问题，只有5%的时间留给氢弹设计，就是在这样艰难的条件下，于敏率领着团队奋战了100多个日夜后，终于实现了氢弹原理的突破，构建了从原理、材料到构形基本完整的物理体系。本着独立自主的精神，于敏带领团队实现了技术上的突破，打破了核大国对氢弹理论技术的封锁。“于敏构型”作为迄今为止世界上仅有的氢弹两种构型中的一种，为中国研制氢弹打开了一扇通往成功的大门。然而要想真正地制造出氢弹，除了完善的理论设计方案以外，还需要通过核试验的检验。试验基地在偏远的大西北，气候条件极其艰苦，而于敏和团队成员坚持不懈，不畏艰苦。终于，1967年6月17日，新疆罗布泊上空一朵蘑菇云腾空而起，一声巨响震惊了世界。中国向全世界宣告由我国自主研发的第一颗氢弹爆炸成功，成为世界上第四个拥有氢弹的国家！中国完全自主地实现了氢弹从无到有的过程，氢弹试验的成功为我国科技自主创新能力的提升和国防实力的增强作出了开创性贡献。在于敏的带领之下，中国仅仅用46次核试验，就成功研制出了第二代小型核武器，而美国走完这个完整的流程用了1 054次。从第一颗原子弹试爆成功到突破氢弹，美国用了七年三个月，而中国只用了两年八个月。在我国国防科技事业改革发展中，正是有着无数像于敏一样艰苦奋斗、发愤图强的大国工匠，他们敢闯敢试，勇于创新，无私奉献，挺起了科技强国的民族脊梁。

然而，长期夜以继日的高强度研究工作、高放射性物质一点点侵蚀着于敏的身体，导致他曾三次与死神擦肩而过。1969年，在进行第一次地下核试验和大型空爆热试验时，于敏已经连走路都非常困难，同事们都劝他去休息，可他执意要到现场去看看。每上一个台阶于敏都需要用手缓慢地将腿抬上去。当工作人员搀扶着于敏来到现场时，他已满身冷汗，面色苍白。出于保密的需要，于敏一生只有两次公开露面，所有的艰辛、苦难，甚至是喜悦，他只能藏在心里。哪怕是他最亲近的家人——他的妻子都不知道他在做些什么。每当于敏谈起往事的时候，他的脸上总是布满着伤感。于敏说他一生最大的遗憾就是对家人的亏欠。于敏深爱着他的家庭，可是他为了国家牺牲了陪伴家人的时光。于敏爱家更爱国，他的一颗拳拳报国的赤子之心，让他义无反顾地将一生都献给了祖国。

身为一叶无轻重，愿将一生献宏谋。于敏曾说过，一个人的名字早晚是要消失的，这一生能把自己的微薄之力融到强国的事业中，他感觉足以自慰了。

图 20:“两弹一星”元勋——于敏

【知识拓展】孟占兴:以贮箱搅拌摩擦焊为己任谱写奋斗篇章

孟占兴,现任天津火箭公司55车间生产五组组长,主要承担贮箱箱底、箱体、壳段的搅拌焊接工作。

图 21:孟占兴正在工作

2020年,55车间生产五组较2019年任务完成量翻番,为有力支撑公司贮箱研制任务的圆满完成,孟占兴提出“主岗固定,辅岗流动”工作理念,突破产能瓶颈,实现了班组效率和效益的双提升;他带领班组员工提前策划,认真梳理质量风险,制定可行措施;积极开展技术攻关,实现了班组质量和创新的双丰收。孟占兴带领团队圆满完成了328件壳段、15件箱底和6件整箱的搅拌摩擦焊接任务。

自2019年起,随着搅拌摩擦焊产品任务的持续增长和新工位陆续投入使用,原有的“定员定岗”生产模式已经无法满足生产需求。面对班组“工位多、任务重、产品生产周期长,人员不足”的现状,孟占兴暗暗下定决心,不仅要确保班组的壳段生产线不成为制约贮箱任务完成的短线,还要以壳段产出为牵引,拉动车间整条贮箱生产线的产能提升。

为了解决上述问题,他从两方面入手,一方面会同工艺技术人员积极开展工艺优化,例如在壳段生产中,由于短壳及接底筒段需在箱底完成车槽后才能启动生产,

制约壳段生产的周期长。针对这一问题,他主动组织班组积累壳段及箱底的尺寸数据,同工艺人员分析产品尺寸变化规律,逐步摸索出壳段先行的工艺优化措施,目前已实现部分壳段在叉形环状态下的先行生产。另一方面,他发现班组各工位均为集体作业,在进行零件装配时通常需要4至5人,而在进行焊接等设备操作时仅需2人,为充分提高人员利用率,他提出了“主岗固定,辅岗流动”的柔性生产模式。将设备操作主岗人员固定在岗位上,装配人员则在各工位间串行作业,解决了工位多、人员不足的问题。

为了确保该生产模式的顺利运转,他制订了“立足岗位学本领,一专多能做贡献”的员工培养理念,确保每名员工至少具备两项主岗操作资质和两项以上副岗操作资质,努力让员工成为多面手。目前,壳段年产突破400件。

班组承接了某型号二级燃箱和长征五号二级氧箱的全搅拌摩擦焊贮箱生产任务后,他和班组全员认真梳理质量风险,并制定可行措施,在日常工作中注重对搅拌焊缝缺陷类型和缺陷位置等信息的统计,并积极与工艺技术人员针对缺陷成因进行讨论分析,总结经验。特别是在解决箱底顶盖环缝缺陷问题中,他通过利用设备机头测量顶盖直径;减小顶盖装配过盈量;增加小端环缝段定位数量;优化搅拌针焊接角度和偏移量等一系列措施,有效的提高了贮箱焊缝的质量。最终确保了2020年全年15件箱底和6件贮箱的焊缝检测合格率100%。

在技术创新工作中,他和班组员工首次实现了浮动式双轴肩搅拌焊技术在长征五号二级氧箱筒段上的应用;在面对铝锂合金箱底顶盖法兰难以用熔焊工艺获得优质焊缝且节点紧迫的前提下,他和团队成员利用临时工装,完成了铝锂合金箱底顶盖法兰的搅拌摩擦焊接工作;在贮箱环缝焊接过程中,他带领班组成员解决了内撑杆系箱内垂直组装的难题,完成搅拌摩擦焊贮箱补焊任务,期间在贮箱内连续奋战30多个小时,连就餐、饮水、生理问题都只能在箱内解决,研制出国内首件3.35米铝锂合金全搅拌摩擦焊贮箱,该贮箱顺利通过极限液压强度试验考核。

他以苦为乐,无怨无悔,在任务面前不惧险阻,在困难面前百折不挠。有时加班至深夜,困了累了,他索性就在休息室眯上一会,第二天继续上班。大家都说他把班组当成了第二个家了。班组在进行5米圆环搅拌摩擦焊试验过程中,由于工装设计缺陷,难以实现装配焊接,还在家中休陪产假的他,白天在家照顾孩子和妻子,晚上就跑到工位和大家讨论方案,开展实验。

孟占兴带领团队接连攻克多项搅拌焊难题,班组先后获评经开区“金牌团队”、首航“金牌班组”等多项荣誉称号。经常挂在他嘴边的一句话就是“只要思想不滑坡,方法总比困难多”。

(二)发扬“特别能吃苦”精神,培养艰苦奋斗精神

航天企业作为事关国家安全命脉的战略性企业,肩负强军首责,是我国科技创

新体系中的重要力量,航天领域是培育工匠精神的沃土。那些不计功名得失、刻苦钻研技术、默默无闻扎根科研生产一线的航天"大国工匠"们,是企业转型升级中一颗颗关键的螺丝钉,他们正以实际行动践行着习近平新时代中国特色社会主义思想,在航天强国的征程中创新实干,推动航天事业高质量发展。

1. 专注工匠精神的培养

(1)工匠精神的内涵

工匠精神是一种职业精神,是从业者的一种职业价值取向和行为表现,其内涵包括敬业、精益、专注、创新等。中国自古就有"艺痴者技必良"的说法,也不乏秉承工匠精神之人,是世界上最大的匠人之国。古人所说"如切如磋,如琢如磨""庖丁解牛,技进乎道""天下大事,必作于细"等都是对工匠精神的诠释,工匠精神是中华民族传统文化中的重要基因。正是千千万万个追求精湛技艺又充满奉献精神与济世情怀的工匠,以他们的敬业、勤奋、执着和创造精神,缔造了辉煌灿烂的中华文明。

在新时代,我国经济由高速发展转入高质量发展,尤其是在践行"创新、协调、绿色、开放、共享"新发展理念中,更需要大力发扬工匠精神;对于企业来说,劳模、工匠则是重要的战略资源和持续发展的重要保障,是彰显卓越企业文化导向的鲜活代言人,在职工队伍中具有巨大的正能量与辐射力;对于个人的成长进步来说,工匠精神首先是精致精细、一丝不苟的工作态度,把每一件产品都当作工艺品一样精雕细刻,追求完美,对品质决不妥协。同时工匠精神也是一种踏实务实、爱岗敬业的担当精神和价值取向。工匠精神是社会文明进步的重要尺度、是中国制造前行的精神源泉、是企业竞争发展的品牌资本、是职工个人成长的价值指引。今天,实现中华民族伟大复兴的中国梦,更需要将工匠精神薪火相传、发扬光大。

工匠精神最初源于工匠们对于自己的产品不厌其烦地雕琢,追求产品的完美与极致,达到工匠与工艺的合而为一的理念。后来,工匠精神衍生为每一个人在对待自己职业时那种"敬业、精益、专注、创新"的精气神。工匠精神是职业道德的精华。载人航天工程中的每一位航天人都具有工匠精神,并以工匠精神来对待每一分钟的工作、对待每一个零部件的设计、生产、安装、对接,不放过任何一个发射细节。只有把工作做到极致,才能保障每一次天地往返、空间出舱和交会对接100%安全无事故。只有把工匠精神植入大学生职业道德教育中,清除"差不多精神",才能培养出能做事、会做事、做成事的大学生。也只有这样,中国才能真正成为生产强国,生产出越来越多的真正的中国制造。

"成败系于毫发、质量重于泰山"用在载人航天工程最恰当、最贴切。载人航天是当今世界最具风险的高科技实践活动,空前复杂的载人航天工程能够在较短时间里不断取得历史性突破,是与航天人的严谨细致、科学求实、严肃认真的工作作风分不开的。航天人始终把确保成功作为最高原则,始终秉承周恩来提出的"严肃认真、周到细致、稳妥可靠、万无一失"的十六字方针,始终坚持"组织指挥零失误、技术操作零差错、产品质量零隐患、设备设施零故障"的高标准和飞行产品"不带问题出厂,不带隐患上天"的严格要求。历次神舟飞船发射任务,酒泉卫星发射中心都要对测试厂房 8 000 多个插头、火箭系统 1 160 个对接插头、412 件火工品逐一检查核对 3 遍以上，做到“不下错一个口令，不做错一个动作，不减少一个项目，不漏掉一个数据，不放过一个异常现象”。自神舟一号发射成功 20 多年来，中国载人航天创造了一个又一个奇迹。

（2）载人航天精神与工匠精神一脉相承

航天型号是复杂的系统工程，航天技术是高难度的尖端技术，来不得半点浮躁、松懈和马虎。无数事实已经证明，一颗螺钉、一根导线、一个元器件质量的好坏，都可能影响整个型号的成败，一次小小的失误都可能影响全局。因此，必须以严肃的态度、严谨的作风、严密的组织、严明的纪律，严格按照规章制度和要求，高标准地做好工作；必须尊重客观规律，以科学的态度，慎重决策，审慎行事，确保稳妥可靠、万无一失；必须从细微处入手，关注细节，一丝不苟，分秒不差，做到工作零缺陷；必须一切从实际出发，实事求是，扎实工作，落实责任，力求实效。为了确保万无一失，航天科技工作者在研制试验工作中，把提高工程安全性和可靠性作为重中之重，始终坚持把工作热情与科学态度相结合，把开拓创新与求真务实相结合，坚持不懈地严格要求、严格管理，持续不断地研究新情况新问题，与时俱进地把握新特点新规律，特别是不断加强质量控制，实行零缺陷管理，以高度负责的态度对待每一道程序、每一个部件、每一项操作，以严慎细实的作风为航天事业的发展奠定了坚实基础。

伴随时代的发展，当代工匠精神的内涵也在不断丰富发展，基本内涵可概括为五个方面：精益求精，严谨细致，专注持久，敬业创新，追求卓越。作为我国导弹工业的骨干力量，航天三院早在 20 世纪 80 年代就建立起我国完整的海空导弹系统，发展形成我国最完备的飞航武器家族。在航天工程中，质量是生命、是责任、是财富。一直以来，三院人秉承的“严慎细实”和“求实、务实、扎实”的工作作风，把“严”和“实”深融于血脉之中。

航天人的敬业担当彰显工匠精神。工匠精神本质是一种担当精神，而担当一直伴随着航天事业的发展。“国家利益高于一切”是航天人心中永远高扬的旗帜。20 世纪 50 年代，以钱学森为代表的老一辈航天人怀着对祖国的无限热爱，毅然放弃国外优厚的工作生活条件，甘愿在艰苦条件下回到祖国怀抱，把自己的一切奉献给了航天事业。他们把航天事业作为报效祖国的舞台，不计名利得失，打破了西方大国对航天尖端技术的垄断。航天人把对祖国的无限热爱化作报效祖国的实际行动。

航天人的“严慎细实”体现工匠精神。航天工程是一个多学科、多专业的综合科技体系，不仅技术复杂、研制周期长、质量要求高，且探索性强，风险性高。航天科技工作者在研制、生产和试验中，发扬“严慎细实”和“求实、务实、扎实”的工作作风，把提高工程安全性和可靠性作为重中之重，把工作热情与科学态度相结合，把开拓创新与求真务实相结合，取得了一次次研制生产和发射任务的圆满成功。正是航天人的科学求实和专注精细，铸就了中国航天事业一个又一个里程碑。

航天事业的辉煌成就弘扬了工匠精神。航天科技工程是举世公认的技术密集度高、尖端科技聚集的高科技事业，难度大、风险大。航天人面对科技高峰不畏难，一项项关键技术的突破，一道道科学难题的破解，一个个辉煌成就的取得，航天人用顽强的意志，不断占领航天科技的制高点，将“不带任何问题上天”的誓言写在浩瀚长空，并成为国家制造业当之无愧的“名片”。

航天事业的发展壮大培育了一批大国工匠。航天事业创建以来，造就和培育出了一代又一代杰出人才，其中既有钱学森、“航天四老”等科学巨匠，也有一批在生产一线默默奉献、具备精湛专业技术、在关键环节发挥重要作用的大国工匠。航天事业不仅是大师辈出、高贤显能的平台，也是锻造工匠精神的沃土。正是一代又一代航天“巧匠”的无私奉献，打造出了代表“中国制造”巅峰水准的具有高质量、高可靠性的航天精品。

2. 加强师生作风建设

特别能吃苦的艰苦奋斗精神是一直以来的光荣传统，是一个人作风建设中非常重要的内容。无论是教师的科研教学工作、实践能力提升，还是学生的就业工作，都需要这种吃苦耐劳的精神作为坚强后盾。作风建设是职业院校师生立身的根本，它对他们未来职业生涯的影响甚至超过了专业知识，同时还有利于校风、学风的建设，对人才培养意义重大。

（1）作风建设

艰苦奋斗永远是战胜一切困难、夺取事业胜利的重要法宝。我国载人航天工程要做到起步晚、起点高，投入少、效益高，项目少、水平高，就需要走跨越式发展的道路。无论过去、现在还是将来，中国航天人始终以人民利益和国家利益为最高利益，承受着常人难以承受的困难和压力。无数航天人以艰苦奋斗精神为支撑，不畏艰险，在深山、在荒漠、在草原、在戈壁，自立自强，克服种种困难，不屈不挠，忍辱负重，推动了我国航天事业的跨越式发展，维护了国家利益，造福了人民群众。

（2）作风建设的意义

所谓艰苦奋斗，就是指为实现伟大的或既定的目标而勇于克服各种困难，顽强奋斗、百折不挠、自强不息、贫贱不移、富贵不淫的精神和行动。艰苦奋斗是远大理想和顽强意志有机统一的精神，是科学的人生观、价值观的具体体现，是一切进步阶级或政党和有志之士的进取之路，是一切人才的成长之路，也是成就一切事业的必经之路。艰苦奋斗的具体内容和要求在不同时代、时期有不同的表现形式，但它的精神实质在任何时候都是不变的。

艰苦奋斗是推动发展的现实需要。艰苦奋斗，不仅是勤俭朴素的生活作风，更是奋发向上、一往无前的精神状态，不畏艰难、百折不挠的坚强意志，自强不息、开拓进取的思想品格，脚踏实地、锲而不舍的坚韧毅力，兢兢业业、无私奉献的工作态度，是推动发展、成就事业不可或缺的精神动力。

解放军高度重视部队作风建设，强调优良的作风就是战斗力、执行力。所谓部队作风，实际上是一种集体的无意识行为。而作风培养，则是通过各种方法，将官兵们的意识行为逐渐转化为下意识的行为，接到上级命令后，二话不说，坚决执行。解放军的优良作风有很多，例如，“说干就干，干就干好”就是部队指挥员经常挂在嘴边的一句话，要求下属接受任务后，立即行动，雷厉风行。这种作风一旦形成，本身

就是强大的执行力。

1960年,我国国民经济遇到严重困难。此时,苏联断绝援助,撤走专家,给我们的武器仿制工作造成很大困难。国防部五院党委及时召开了扩大会议,传达中央领导的讲话和北戴河中央工作会议的精神,统一思想,作出决议,号召全体人员在严重的经济困难面前坚定信心,顶住压力,自力更生,奋发图强,坚决完成仿制任务。经过各级党组织深入的思想动员,广大职工把压力变成动力,决心为祖国、为人民尽快制造出“争气弹”。1960年11月5日,中国第一枚近程导弹发射成功。这生动体现了军队的战斗力和执行力,体现了军队的优良作风。

艰苦奋斗是党在物资匮乏的革命战争年代坚持革命的必然选择。艰苦奋斗、肯吃苦、肯坚持的品质是新中国的重要精神品质,也是中国社会发展取得成就的重要精神力量,是对中国人民精神面貌的集中概括。艰苦奋斗作为新时期党带领人民群众实现国家富强、人民幸福的强大精神力量,是社会主义精神文明建设的重要内容,也是社会主义核心价值观的重要体现。在新的历史条件下,党依然重视发扬艰苦奋斗的精神,为全党、全社会自觉抵御各种不良思想的侵蚀、保持党和国家的先进性、全面推进社会主义现代化建设提供坚实的思想保证。

艰苦奋斗在载人航天事业中体现。航天三线建设集中体现了航天人的艰苦奋斗精神。三线气候恶劣,条件极其艰苦,航天工作者把生产发展与生活建设相结合。同时,航天人员把农业生产与技术研发相结合,克服了困难,维持正常的工作。在航天三线基地创建之初,试验室基础建设不完善,科技人员把厕所改造为简易的小型发动机试验室,我国第一台自控发动机由此诞生。中国的航天事业的发展离不开三线工作者作出的贡献。艰苦的工作、生活环境,铸造了中国航天工作者艰苦奋斗的精神品质,艰苦奋斗是中国航天工作者在生产力落后条件下始终保持热情的工作精神的重要动力。同时,航天工作者研发技术、攻克重大技术难题、钻研前沿技术,这些技术成果的取得是艰苦奋斗的结果。相对其他国家,我国航天事业起步晚,中国领导者在发展航天事业的开端,提出要尽力坚持克服投资有限的困境,做到高产出,把中国特色和技术进步充分展现出来,实现航天领域的跨越式发展。艰苦奋斗、奋发图强的精神激励航天工作者,在艰苦的环境中创造了一系列举世瞩目的成就。

艰苦奋斗在载人航天精神中的表现如下。一是艰苦奋斗、奋发图强是中国航天事业生存和发展的力量源泉。艰苦奋斗是我国载人飞行取得成功的重要因素,是航天人攻坚克难、夺取事业胜利的重要法宝。二是勤俭节约、高效率的优良作风。勤俭是发展航天事业的重要准则。1958年,国防部五院在制定1958年至1962年工作规划时明确提出勤俭进行科学工作的要求。1979年国家在航天工作中开展了增产节约活动,强化了勤俭办航天事业的观点。勤俭办航天事业的精神主要体现在,制定符合实际的航天技术目标,在研制导弹的基础上发展航天技术,进行必要的有限的试验活动,坚持试验和应用相结合。

3. 梅花香自苦寒来：将“特别能吃苦”精神融入高职高质量发展的路径研究

（1）大力协同令行禁止

中国导弹航天事业是党的事业、国家的事业、军队的事业和全国人民的事业，肩负着艰巨而光荣的历史使命。因此，将为军队打造的神兵利器，交给军队研制不仅顺理成章，而且在当时的历史条件下，军队研制也发挥了历史性的重要作用。

根本宗旨：人民解放军的建军宗旨，即紧紧地和中国人民站在一起，全心全意地为中国人民服务。人民军队建设的根本原则是“党指挥枪”，这是中国共产党对人民军队绝对领导原则的形象表述。人民解放军必须置于中国共产党的绝对领导之下，其最高领导权和指挥权属于中共中央和中央军委。

人民解放军是中国共产党领导的无产阶级性质的新型人民军队。它来自人民，属于人民，为了人民，时刻同人民站在一起，全心全意地为中国无产阶级和中国各族人民的利益而战斗。人民解放军无条件地执行中共的纲领、路线和政策，实行有领导的民主；具有一往无前的精神，压倒一切敌人，而决不向敌人屈服；具有官兵一致、上下一致、军民一致、军政一致光荣传统，有为人民战斗所必需的战略战术和政治工作。

一代代的官兵就是在建军宗旨的感召下团结战斗、奉献牺牲的。这是解放军战斗力、执行力的主要源泉。国防部五院的成立、发展一直秉承着人民军队的建军宗旨，在党的领导下全心全意地为国家、为人民的国防科技事业服务。

解放军的战斗力、执行力强，领导干部做到了“冲锋在前，退却在后”，生活上“吃苦在前，享受在后”。

1966 年 10 月 25 日上午，在我国导弹核武器试验前夕，聂荣臻元帅从北京西郊机场飞往酒泉导弹试验基地，这时，他已经是 67 岁的老人。到了现场，聂荣臻元帅仔细地检查相关工作的准备情况。这天下午，聂荣臻批准把核弹头运到导弹发射阵地进行对接和通电试验。他来到导弹发射架下坐镇指挥。“两弹”对接、通电，是最危险的工作，人们劝他离开，他却拉来一把椅子坐下来，说：“你们不怕危险，我有什么可怕的！你们什么时候对接、通电成功，我什么时候离开。”我国进行导弹核武器试验时，离发射阵地 100 米的地下指挥所里留下了 7 个人（后被誉为“七勇士”），其中就有第一试验部部长（正师级）高震亚。临近 30 分钟发射准备时，基地代司令员李福泽来到了地下指挥所，坚持要留下和 7 位同志在一起。在场同志们劝阻无效后，高震亚电告聂荣臻元帅。聂荣臻元帅下了死命令，并派了 2 位工作人员接他，李福泽才不得不与 7 位勇士握手告别，离开了地下指挥所。这就是共和国的元帅！这就是共和国的将军！他们做到了“冲锋在前，退却在后”。

培养自觉的纪律，将纪律建立在官兵自觉自愿的基础上，这是解放军独有的东西。严明的纪律是解放军克敌制胜的法宝。高科技武器装备交给解放军来研制是项非常英明的决策。

（2）大力协同攻克难关

马克思关于人的本质的论述为“人是一切社会关系的总和”，说明个体是不能游离于社会关系之外单独存在的，个体利益要服从集体利益，个人价值只能在社会与国家中实现，而航天精神充分地体现了部分与整体的辩证统一。首先，航天事业是一项既庞大又精细的系统工程，庞大体现在从设计研发、组装试验到成功发射需要跨领域的各部门团结合作、大力协同；精细体现在所涉及的每一个人都需要各司其职，每一个零部件都需要不差毫厘。伴随着一次次技术突破与试验成功，中国航天工作者建立了平等、互信、和谐的工作与人际关系，凝聚成一个整体，心往一处想，劲往一处使。其次，中国航空航天工作者为实现研发道路上的每一次攻坚克难，将“路漫漫其修远兮，吾将上下而求索”作为精神支柱，秉持有国才有家的崇高信念，舍“小家”为“大家”，一头扎进茫茫沙漠做学术、搞科研。可以说，我国航天事业所取得的每一个辉煌成就无不散发着中国航天工作者集体主义智慧的光芒，体现我国社会主义制度集中力量办大事的优越性。

“两弹一星”是“大科学”“大技术”“大工程”，需要各方紧密联系、协调行动，因而强有力的领导和指挥非常重要。

在我国“两弹一星”研制的关键时刻，1962 年，国务院国防工业办公室主任罗瑞卿向党中央建议在中央直接领导下成立专门委员会，加强对原子能工业的领导。

1962 年，刘少奇同志在中央政治局会议上，根据党中央关于加强对原子能工业领导的决定和毛泽东同志的有关批示，正式宣布成立中央十五人专门委员会（以下简称中央专委）。

中央专委第一次会议，讨论确定了中央专委的主要任务，即组织各有关方面大力协同，密切配合；督促检查原子能工业发展规划的制定和执行情况；根据需要，在人力、物力、财力等方面及时进行调动。委员会的决定，由有关方面坚决保证贯彻执行。

中央专委是在中央直接领导下的行政权力机构，其成立具有重要意义。从成立到第一颗原子弹爆炸前的近两年，中央专委先后召开了 9 次会议，研究解决了 100 多个重大问题。每次会议都围绕着核武器研制工作，集中议定了配套产品以及相应的科研、建设和生产项目。从在城市里多方面、多途径、多布点的研究和中间试制，到在山村里建设制造工厂等方面，中央专委都作出了积极有效的协同安排。所谓“多方面”，就是安排由各部门的研究院所、工厂、矿山承担上千个研制课题和生产任务，中央专委办公室为此召开多次协作攻关会议，其中，有 4 次是几百个单位约 1 200 人参加的“大力协作”会。所谓“多途径”，就是对某些重要课题，组织若干单位按不同的科学技术方法，分头攻关，形成一种具有绝对优势的兵力，以各种不同的方法，打好对该课题的“歼灭战”。所谓“多布点”，就是对于耗费不太大的课题，适当地部署两三个单位进行多点围攻。由于单位间自然形成的竞争氛围，各单位兢兢业业、千方百计，以最少的投入，高效地完成任务。

我国“两弹一星”能够在时间短、困难大的情况下取得成功，中央专委的统一领导起了决定性作用。正如“两弹一星”功勋王淦昌所说：“60 年代中期，是我国核科学技术取得重要成果的高峰期。在中央专委的统一领导下，全国大力协同，集中了人力、物力，组织了许多优秀的核科技工作者团结一致，扎扎实实、艰苦努力、深入研究，攻克了许多技术难关，取得了举世瞩目的成就。”

我国航天事业是全国各行各业的共同事业，航天事业所取得的每一个成就都是各行各业大力协同的结果。

党和国家领导及综合部门高度重视国防尖端技术外协配套。早在20世纪50年代，主管国防科研的聂荣臻同志曾多次指示：航天系统要抓好“开门七件事”，做到“材料先行”“定点协作”等。1962年以后，中央专委进一步动员国防科研部门、中国科学院、工业部门、高等院校和地方科研部门的技术力量，组成了全国规模的协作网。其为我国运载火箭等重点任务组织各工业部门安排耐高温合金材料、化学推进剂、特装车辆和大型地面试验设备等。国务院各综合部门都把航天外协任务作为重点项目列入国家攻关规划和年度计划，千方百计给予研制经费、人员等各方面条件的保证。“六五”“七五”期间，国家为此专门拨给有关部门、中科院各种科研费、专项费用等4亿多元，为运载火箭研制安排了各种耐低温材料、高强度及抗烧蚀复合材料、“七专”电子元器件等。

长征火箭如同其他国家重点工程一样，所需外协配套项目品种多，质量要求高，生产量少，研制周期短，而研制单位直接的经济效益又较少。但是，多年来许多承制单位坚持把航天协作任务列为自身工作的重点，想方设法予以保证。1988年12月14日，李鹏主持国务办公会，批准研制长征二号捆绑式大型运载火箭。在国务院867工程协调小组统一领导下，原国家计委、国防科工委、国家科委、物资部会同各有关工业部立即分头召开各种专题紧急订货会。长二捆火箭的近万项协作配套物资，涉及冶金、有色、机械、电子、石化、纺织、轻工、化工、建材、科学院、教委、军工等15个部门和26个省市、300多个企事业单位。各有关部门和各级地方政府精心组织、指挥，各承制单位努力拼搏，仅用6个多月时间基本上按质、按量、按进度、按技术要求保证了配套物资的到位。能源、交通、铁道、电力、邮电和公安、海关、各军兵种、武警、民兵等都为解决燃料、用电、运输的困难和保卫、保密、安全等做了大量工作。长二捆火箭能在18个月内研制成功并按时发射澳星B1，这是国家意志力和全国大协作的宏伟标志。

组织好各种新型器材的联合攻关是发展新一代航天型号（含运载火箭）的先行条件。发展新一代航天型号所需各种高、精、尖新型器材，也必将依靠全国各行各业的紧密合作、联合攻关。

（3）载人航天精神融入教育教学

党的二十大报告对全面建成社会主义现代化强国进行了全面部署，特别指出，建设现代化产业体系，坚持把发展经济的着力点放在实体经济上，推进新型工业化，加快建设制造强国、质量强国、航天强国、交通强国、网络强国、数字中国。加快建设航天强国，是号召、是目标、是方向、是行动！载人航天精神应全方位、多角度地融入大学生思想政治教育涉及的全部工作。以显性教育与隐性教育的角度去选择融入路径时，不仅要把载人航天精神带入课堂，通过教师的言传使学生能够“耳濡”载人

航天精神，还需要将其导入校园文化、日常活动中，使学生能够“目染”载人航天精神，耳濡目染后才能入心入脑、融会贯通，与此同时也拓展了校园文化外延、增添多样性，从而更好地发挥文化的育人功能；以时间和空间的角度去选择融入路径时，时间上要利用好关键节点，尤其是节日节点，在节日气氛的烘托下学生情绪高涨，适时地开展载人航天精神教育学习并辅以多样的内容形式使大学生思想政治教育工作事半功倍。值得说明的是，选取节日节点要主要依据我国传统节日，在中华民族优秀传统文化的同一背景下，高校学子知晓传统节日的由来以及蕴含的文化深意，更容易将自己的情感带到节日情境之中，同时，也抵制了社会上过洋节的不良风气，空间上需要高校思想政治教育工作者总结归纳大学生经常出现的地点，如寝室、教室、实验室等，通过装饰体现航空航天特色。

①将载人航天精神融入大学生思想政治理论课

大学阶段是个人世界观、人生观、价值观趋于成熟的关键时期，高校要把握这个重要时间段，通过把载人航天精神融入思想政治教育对大学生进行理想信念教育，帮助其确立正确的价值取向。首先，由于载人航天精神自身的流动性和开放性，载人航天精神可以拆分成无数细的小知识点融入思想政治理论课，为避免关于载人航天精神的教育教学的片面、杂乱无章，高等院校思想政治理论课教师要明确载人航天精神的教育内容，突出重点并依据高校思想政治理论课主要涉及的四门课程合理添加载人航天精神主题，形成完整系统的教育教学体系，这也是以思想政治教育理论课为载体对大学生进行思想政治教育的工作重心。其次，把我国的国防发展史、航空发展史、航天发展史有计划地写入教案，并通过讲述、展播等教学方式有效发挥思想政治理论课的大学生思想政治教育主战场作用，以讲解载人航天精神的产生背景、发展历程为引，深度剖析其精神内涵并逐渐扩展到民族精神、社会主义核心价值观、中华民族伟大复兴等思想政治教育理论课的教学内容，特别是航空航天类高校可以开发独具航空航天特色的校本课程，具有鲜明特色的校本课程可以使大学生更加完整系统地学习有关载人航天精神的理论知识，达到更好的学习效果，增强思想政治教育实效性。再次，高校思政课教师可以依据相关教学内容提前布置课前预习或课后复习任务，让大学生收集我国航空航天英模的动人事迹、航空航天事业中的趣味故事等，并在课堂上互相交流，将自己的学习成果予以分享，提高学生对载人航天精神学习的自主性。最后，思想政治教育工作者要与时俱进，随着我国航空航天事业的发展不断挖掘载人航天精神的时代内涵，更新头脑中的知识库，提高教书育人的本领。

②将载人航天精神融入课程思政

秉持思政课程与课程思政的理念，其他学科课程与思想政治理论课应同向同行，协同育人，实现“知识传授”和“价值引领”的有机统一。其他学科教师也应结合本学科教育教学目标和自身学科特点，在具体的教学内容与学科形成的背景上挖掘思想政治教育元素，有意识地向在校学生渗透载人航天精神，如专业课上的实验、校内外实习、课程设计等，教师在讲解学生需要掌握的技术时，可以讲述该技术在我国航空航天领域内的应用，引发学生对空天领域的好奇与空天技术的学习兴趣，同时将现阶段的该技术与他国对比，其先进之处能够增强学生的民族自豪感，而不足之处可以使学生准确认识我国整体科技水平，促使学生致力于我国空天技术发展，增强其实现空天强国梦的行动自觉，使其在发现问题与解决问题的过程中体会载人航天精神。

③将载人航天精神融入校园文化建设

校园文化是高校师生精神、文明风貌的反映。积极的校园文化似绵绵细雨，落在校园的各个角落，对提升个人素质、塑造个人情操具有润物细无声般的作用。高校应将载人航天精神与践行载人航天精神教育融入校园文化建设，以航空航天为主色调建设校园文化，让大学生沉浸在充满浓郁航空航天色彩的气氛中，悄无声息地让大学生在校园文化中认知载人航天精神。如在校园内以航空航天英雄姓名命名某条街道、某个广场、某教学楼，设立航天角、航空航天纪念馆，使在校大学生触景生情，加深对载人航天精神的理解。其中，校园文化活动是形象展现校园文化的平台，学校可以开展航空航天特色鲜明，内容丰富且形式手段多样的校园文化活动，如航空航天科技节、航空航天教育月活动、我的航空航天梦演讲比赛、航空航天知识竞赛。值得注意的是，2016 年 4 月 24 日我国为纪念航天事业所取得的傲人成绩专门设立了"航天日"，学校可借助每年的"航天日"举办主题晚会，邀请航天领域楷模作报告等，使大学生感知校园文化的同时将载人航天精神内化于心。此外，学校在将载人航天精神融入校园文化、发扬文化育人渗透功能优势的同时，也要利用校园文化建设大力宣传载人航天精神，依靠校园公众号、校报校刊、校内广播站、宣传栏等多种媒体弘扬载人航天精神，与校园文化活动相互配合，共同构筑校园文化育人立体维度。一是建立包含载人航天工程、载人航天器发射、航天员活动的相关视频库，把这些视频放在学校网站让学生点击欣赏；或者把这些视频通过学校的电子屏进行经常性播放，引发学生的兴趣；或者定期组织大学生集中欣赏。二是在学校图书馆开辟专门的一角用于陈列与载人航天精神和载人航天工程相关的书籍，为学生自觉学习提供便利条件。同时，也可以利用这些图书开展学习会或学习沙龙，引导学生更加深入地理解载人航天精神，认同载人航天精神的力量。三是成立学习、践行载人航天精神的相关学生社团，或者改组已有的思政类学生社团，使其在学习载人航天精神方面具有倾向性，这样可以在学生群中形成学习载人航天精神的核心组织与骨干力量。四是围绕为载人航天工程作出过重大贡献的人物开展典型事例宣传教育，可通过学校宣传橱窗、学校网站开展，如每月一人事迹宣传；也可以购买画册、模型在宣传栏宣传。例如，10 月 16 日，神舟十四号航天员陈冬、刘洋和蔡旭哲胸前佩戴党徽，一早便屏息凝神站立在屏幕前，在轨同步收看党的二十大开幕会。在聆听习近平总书记作的报告时，他们全神贯注，时常报以掌声，激动之情油然而生。太空观盛会、忠诚写苍穹。直播结束后，大家有感而发，情感真挚地说到："回首过去，我们无比自豪，展望未来，我们信心满怀。特别是习近平总书记在报告中提到载人航天时，我们倍受鼓舞激励、更感使命光荣，一定坚决完成空间站建造任务。"这些活动可以有效地、潜移默化地帮助大学生树立为国、为全社会效力的职业道德观。

三、不破楼兰终不还——“特别能战斗”精神培养

（一）“特别能战斗”的内涵及典型人物事迹分析

“特别能战斗”的载人航天精神，是航天人通过高风险挑战历练而成的。如今，神舟系列载人飞船多次成功往返，长征二号F火箭的发射成功率位居世界先进行列，中国人的航天梦想不断向深空延展……一次次堪称完美表现的背后，是每一名航天人不懈战斗的姿态。中国载人航天工程是继“两弹一星”后中国航天领域迄今为止规模最庞大、系统最复杂、技术难度最高、可靠性要求最严和风险挑战最大的重点工程。中国航天人无数次以战斗的状态和战斗员的雄姿，创造奇迹。

2000年12月，神舟二号发射的前10天，火箭意外被撞。年过六旬的总指挥黄春平、总师刘竹生亲自爬上11层平台，一层一层仔细查看，20多个小时没有合眼，嗓子已经讲不出话来，但经过严密诊断后，凭着过硬的本领，他们斩钉截铁地作出了抉择：“按计划1月10日组织发射！”4天之后，一份长达50余页的报告《碰撞后火箭受损结果分析及处理措施》有理有据地给出了“可以正常发射”的结论。于是，火箭又重新耸立在发射塔架旁，并于2001年1月10日把神舟二号飞船如期、成功地送上太空。

神舟三号飞船发射之后，专家发现有一个不安全因素可能造成空中“追尾”事故，直接危及飞船与航天员的安全。为此，飞船研制团队立即组织科技人员修改飞行程序和软件，并进行多次仿真和试验，直至完全排除“追尾”隐患。

2020年5月5日，长征五号B运载火箭在文昌航天发射场首飞成功，我国空间站阶段飞行任务首战告捷，载人航天工程“第三步”任务的序幕正式拉开。然而，人们未必知道，在此次任务前，也有过多次失利。失利、挫败，对于航天人来说并不陌生，也并不可怕。2017年7月，长征五号遥二火箭因发动机故障未能将卫星送入预定轨道。研发团队经过100余天的故障排查与180余天的试验验证，找到失利原因，对发动机从结构、材料和工艺等方面进行改进。2018年11月，改进后的发动机在长程试车过程中出现问题，研制团队再次进行改进。2019年4月，一台用于后续任务的发动机又出现异常，研制团队又对发动机结构再次进行改进……

唯其艰难，方显勇毅；唯其磨砺，始得玉成。“成功是差一点点失败，失败是差一点点成功”，这是航天领域流传甚广的一句话。“一点点”的背后，是一种顽强和坚韧，一种无惧挑战与困难、直面挫折与失败的战斗精神。我国启动载人航天工程时，比美苏等国家晚了30多年。“如同运动员在起跑线上晚了一步，我们唯一能做的，就是以比别人更大的步伐、更快的速度来追赶。”中国载人航天工程首任总设计师王永志说。

面对挑战，他们与时间赛跑。1个月完成3个月的工作，解决火箭整流罩超重问题；总装火箭发动机一般需要24天，他们只用18天就可出色完成；立项比大部队晚了2年，新型微波雷达却同时完成研制，在天宫一号和神舟九号自动交会对接中大显身手……他们与自己较劲。神舟六号飞船要用的导线上被发现原因不明的压痕，即使用放大镜才能看出来，但他们仍将库存里30公里长的导线全部筛查一遍；为了把被称为“太空穿针”的手控交会对接技术的误差控制在毫米级，他们进行了3年、1 500次手控交会地面模拟训练……①

实现伟大梦想，必须进行伟大斗争。载人航天工程作为实现航天梦、中国梦的标志性工程，承载着振奋民族精神、凝聚民族力量、激发民族自信的重要使命。载人航天事业是在与风险和挑战作斗争的过程中而发展壮大的，我国载人航天工程取得辉煌成就，是敢于斗争、敢于胜利的生动诠释。当今世界正经历百年未有之大变局，我们所面临的风险挑战前所未有，要坚持越是困难越向前的斗争精神，勇于开顶风船，善于化危为机，敢于攻坚克难，不断夺取具有许多新的历史特点的伟大斗争的新胜利。

【知识拓展】 尹国祥：坚守戈壁四十载 始终战斗第一线②

清晨的载人航天发射场，只见一位头发略显稀疏，但双眼炯炯有神的老人手提公文包大步流星地赶往垂直总装厂房，为马上执行任务的吊车做最后一次检查。只要在发射场工作过的人都知道，那一定是高级工程师尹国祥。“我这一辈子就有一个梦想，为中国的航天发展作出一些贡献！”在尹国祥的办公室里，书架上泛黄的书籍是他大漠追梦的阶梯。

尹国祥，山西五寨人，1981年参加工作，1985年入党，酒泉卫星发射中心发射测试站高级工程师，先后参加神舟一号至神舟十一号发射任务保障工作，成功保障航天发射任务百余发，荣获二等功一次，三等功三次，获得国家十余项专利，专业领域科技成果二十余项。1981年，19岁的尹国祥来到中心，第一次见到发射塔架和蓄势待发的火箭。只有初中学历的他当时就只有一个想法——一定要在发射场干到底！为了尽快掌握本职岗位专业技能，他白天跟着师傅学，晚上加班夜学，每当遇到困惑难题，便第一时间向老前辈请教，并把疑惑一一记在笔记本上，第二天自己摸索实践，寻找答案，当时每月只有一百多元工资的尹国祥却舍得花两百元买专业书籍。

① 章文，崔兴毅，彭丽．矢志不渝，逐梦星辰大海[N]．光明日报，2021-09-16(005).

② 王明艳．老尹在，没问题！[EB/OL]．[2021年5月21日]．https://mp.weixin.qq.com/s/kwzh5PgMs6YhPbdbBrx-WDg.

凭着这股认真钻研的劲头，尹国祥很快便成为大家心目中的“技术大拿”。工作第三年，他便因工作成绩突出，业务水平精湛荣立了三等功，第四年便光荣地加入了中国共产党。事假，从没休过；年假，只有到了非休不可时才会休。每次发射任务，只有他在大家才能放心。从事航天地面设备保障工作40年来，尹国祥从未发生过一起人为差错和责任事故，安全保障发射任务数百发，排除各类故障隐患千余次。

2020年一次任务中，火箭吊装期间供配电主断路器发生跳闸故障，现场所有人都着急万分，同在试验现场的尹国祥临危不乱，经过严格排查和机理分析验证，尹国祥准确无误地判定事故原因、有效处置，任务正常进行。作为发射场的电力专家，任务忙时忙任务，任务间隙他又得忙着检修检测，每天风尘仆仆地在发射场各个厂房和塔架之间奔波忙碌、攀高爬低。尹国祥的徒弟李晖说：“六十岁的尹高工仍旧奔波在试验任务一线，只要有任务，不论晚上还是周末他仍旧早早到现场，保持着年轻人一样的干劲。”

“新时代要有新状态！”近年来，看到国家的航天事业发展不断向前迈进，尹国祥既感到欣慰，又感到重任在肩。“我这一辈子能为国家的航天事业干点事，总算没有辜负党对我的培养！”某次训练后，尹国祥发现专业人员对发射场地面设备原理、结构都很清楚，但是缺少一个动手操作的机会，没有机会去实践。着急为发射场培养人才的尹国祥主动提出建立发射场的训练中心。激情不与岁月老，信念且随年华坚。尹国祥的生活，除了工作就是学习，除了学习就是工作，因为他说：“越学越觉得知识匮乏，越学越觉得不能放弃！”如今，他尽心培养的徒弟，也像当年的他一样守护着发射场。

他用四十载光阴，见证中国航天的发展；他把四十年人生最宝贵的年华，奉献给了发射场和火箭。每一次火箭的成功发射，变的是时间，不变的是对航天事业的执着与追求、责任与担当，以及那份对航天事业的深切的热爱。

图22：尹国祥查看设备仪器（图片：郝裕彤）

【知识拓展】 纪容林：问天就应战斗不息①②

2001年7月，纪容林从吉林大学信息工程专业毕业。毕业前夕，中国酒泉卫星发射中心来到他们学校招收学员，听闻酒泉卫星发射中心是神舟飞船起飞的地方，因为好奇和向往，他当即与中心签订招录协议。他背起行囊，踏上了西行的列车，时间一晃，在这里已经二十年了。纪容林和身边很多同事一样，把中心当作情感的一部分，待着待着就发现还有许多责任未尽，待着待着就感到距离太空还有很长的路要走。

不积跬步无以至千里，不积小流无以成江海。到中心参与的第一次任务就是神舟三号飞船发射任务，然而纪容林作为门外汉的“小白”，只能跟在老同志后面“打酱油”。也就是从这时，他从老同志身上学到了要实现梦想就要扛起责任，要扛起责任就要把基础打牢。从此，纪容林成了资料室常客，看设计任务书，弄明白单机设备要实现什么样功能、需要具有什么样的指标；看布置图，弄明白单机设备安装的具体位置，上下游又是哪个设备，它们之间传递什么信号，发生什么样的联系；看电路图，弄明白信号流如何流转，经过哪些中间设备，驱动产生哪些作用。因为他坚信，扑得下身子、坐得住板凳、耐得住性子，一步一个脚印才能行以致远。作为科技人员要不断学习思考，促进自身本领加强提升。一次任务中，某型号火箭模飞测试出现故障。由于研制部门设计人员未进场，大家无法形成排故的一致意见。面对这种情况，当时作为主任工程师的纪容林站了出来，根据故障现象，依次排查，反复试验，很快就确定了异常所在，及时更换了设备，排除了故障。在从事火箭诸元计算工作时，为了提高计算准确性，纪容林改进了火箭推进剂加注量计算方法和利用系统射前装订参数计算方法。值得一提的是，2014年某型号火箭第一次在中心实施夏季发射，为防止三级发动机因推进剂温度过高引发气蚀，纪容林利用近十年发射月的历史气象数据，开展了17种变换条件下的推演计算。计算结果表明，现有塔架空调的保障能力不足，且原定上午实施推进剂加注的安排会造成火箭推进剂温升过高，不满足发射要求。纪容林将计算结果反馈给任务指挥部后，机关及时组织力量修复了塔架一台废弃空调，单独为火箭三级发动机舱提供精确温度保障，同时将推进剂加注时间调整至17时，确保了任务的顺利实施。

2018年7月，技术总体部门党委把测发技术室重任交给了纪容林，面对转型发展，他如履薄冰。找不到方向时，他就在地图上画红军长征路，盯着那一条条崎岖道路发呆，问自己如何在新征途中扛起使命？经过纪容林与支部一班人紧锣密鼓筹划，组建了一个联合实验室，构建了智慧发射场技术、新型航天发射技术、智能规划评估技术3个学科方向。博士主持学科建设，发挥头雁效应，先后申请与开展了10余项课题研究，完成了2个十三五重点建设项目。

① 纪容林.“人才之星话成长”系列报道(八)纪容林：问天就应战斗不息[EB/OL]. [2021-11-16]. https://mp.weixin.qq.com/s/jQjqSrG3n-UEpa0VlWbE2 g.

② 何洁.“科技尖兵”纪容林：因为热爱而坚守[EB/OL]. [2021-6-28]. https://mp.weixin.qq.com/s/rEaYOpxN-TarKaf8vsnkU3w.

二十年，白驹过隙。从遥望到出发，纪容林始终觉得自己来到了一个对的地方，干着一件于自己快乐、于国家有益的事。就像他自己写的歌词一样：“心怀追天梦，把热血使命倾注在东风中，问天，战斗不息。”

图 23：纪容林工作照（图片：李阳 杨振华）

【知识拓展】 吴华：为国拓天 青春无悔①

随着神舟十三号载人飞行任务的圆满成功，作为零号指挥员的吴华，被媒体从幕后推到了台前，迎来吴华职业生涯的高光时刻。

吴华，1999 年毕业于哈尔滨工程大学。吴华偶然在一次大学毕业生双向选择招聘会上，结缘了中国酒泉卫星发射中心。

带着对中国载人航天的朦胧憧憬、带着对这片神奇土地的求知探索，吴华来到大漠戈壁。来时的吴华只有 22 岁，弹指一挥间在这里度过了 22 个春秋。从当初的青春韶华到如今的不惑之年，说不清从哪一天开始，扎根戈壁、矢志航天、为国砺天成了吴华的毕生不懈追求和不竭动力。心甘情愿、乐此不疲地立足本职，为祖国航天事业的发展、为中心的“双一流”建设贡献自己的绵薄之力成为吴华的行动自觉和最大幸福。

有很多人试探性地问吴华：“载人航天、飞天圆梦是你儿时梦想吗？”吴华从来都是毫不迟疑地回答：“不是！”

少年时候的吴华受成长环境和父亲职业的影响，初中时，想成为一名军人，为国戍边；高中时，想成为一名警察，守护一方；大学时，也曾一度“乱花渐欲迷人眼”陷入困顿。他在父母的疏导和指引下归正航向，从而开启了星辰大海、飞天逐梦的新征程。

记得入职那年 11 月，吴华有幸参与神舟一号飞船发射任务，科技感十足的指控

① 吴华．“人才之星话成长”系列报道（三）吴华：为国拓天 青春无悔 [EB/OL]. [2021-11-10].https://mp.weixin.qq.com/s/98 d05U2YbmSRrlK94iLuqQ.

大厅、慷慨激昂的指挥口令、成功后的喜泣相拥给吴华留下了深刻印象，吴华萌生了希望有一天能够成为一名测发指挥员的想法。

当时，吴华拿的是检测技术及仪器仪表的证书、学的是惯性导航与制导的知识、干的是无线电遥外的专业，萌动的是星辰大海、飞天圆梦的志向，分配的却是与专业不符的岗位，与同期入职的相比，这无疑是一个不小的落差。

工作伊始，没有太高的思想觉悟和政治站位，“未来可期，不负韶华”是吴华基本的人生态度，“对工作负责就是对自己负责”是吴华基本的职业操守，只是觉得完成好本职工作是分内之事，无论遇到什么困难都应当尽力去克服。

后来，在组织的培养教育下，在使命责任的召唤下，在东风精神的沐浴下，在先烈榜样的感召下，在航天文化的熏陶下，不知不觉地航天人的红色基因融入了吴华的血脉，航天报国的志向根植于吴华的内心。

作为一名基层科技人员，“靠实力说话，靠本事立身”，是吴华的工作信条，吴华会为研究解决某一技术难题，夜以继日，会为排查风险隐患，较真碰硬；作为一名系统指挥员，“用心做好每一件事，哪怕再微不足道，只有先做到自己安心，才能让组织放心”，是吴华的工作态度，对于不放心、不托底的事，他都会亲力亲为直达现场，多方求证督促落实，只有自己先做到，才能要求他人做到，必须立杆为旗。

坚决服从组织安排，是作为一名党员干部的基本修养。只要组织需要，无论调整到哪个岗位、从事哪份工作，吴华都毫无怨言、毫不退缩。每一次跨岗位、跨专业、跨领域工作岗位调整，他始终坚信有组织信任和依靠，没有克服不了的困难，没有完成不了的任务。这既是发射测试站人的精神，也是吴华的必胜信念。

2013 年 2 月 2 日，习主席视察中心，吴华有幸作为科技人员代表，受到习主席的亲切接见，他说：“这是我一生无上的荣耀，也笃定了我一生扎根戈壁、矢志航天的信心决心。我更加坚信，只有把个人的梦想融到民族复兴的伟大梦想中去，把个人的成长进步与航天强国的事业紧密联系在一起，脚踏实地、苦干实干，在不懈奋斗中体验幸福、绽放光芒，这样的青春才是最美的，这样的青春才值得回忆。”

探索浩瀚宇宙，发展航天事业，建设航天强国，是我们不懈追求的航天梦。作为航天人，星辰大海是我们永远的征程，飞天圆梦是我们最大的幸福，全力打造中国航天员进出太空最可靠、最安全、最温暖的航天港是“双一流”建设的重要目标。我们有幸以绵薄之力致力中国载人航天的发展、航天强国的建设，这是莫大的历史荣光和使命责任。我们应当感党恩、听党话，坚定不移地跟党走，始终以顶格的标准、满格的状态、奋进的姿态，沿着习主席指引方向阔步前进，不断为刷新中国航天新高度、创造中国航天新奇迹、再铸中国航天新辉煌而不懈努力！

图 24：吴华工作照（图片：汪江波　王明艳）

【知识拓展】崔蕴：与死神擦肩而过，命悬一线救队友

1990 年 7 月 12 日，西昌卫星发射中心闷热潮湿，我国首枚长征二号捆绑运载火箭的发射任务正在紧张地进行着。火箭四个助推器在下午突然出现了险情，氧化剂泄漏，气体像烟囱口的烟一样，不断冒出，越来越多。这种橘红色的气体有毒，遇水反应生成硝酸。身体接触到，要烧伤皮肤；呼吸到肺里，轻的引起呼吸困难，重的要烧坏肺。发射在即，氧化剂这样泄漏下去，势必影响发射进度。情况万分危机，必须马上行动控制住险情。

崔蕴等 4 名试验队员现场紧急成立抢险小组。在全身涂满防护碱液后，大家戴好防护滤毒罐，拿着准备好的工具进入毒气缭绕的火箭舱体。到处都是橘红色的烟雾，崔蕴和队友们小心避开复杂的管路和仪器，迅速找到泄漏点。泄漏点呲呲地冒着烟雾，并且愈演愈烈，崔蕴紧张得能听到心跳的声音。身上被汗水浸透了，他努力让自己保持冷静，用提前准备好的工具拧紧泄漏处的传感器。但这时传感器上原有用来加强密封性的密封圈已被酸液腐蚀坏了。液态氧化剂一下子像水柱一样喷射出来，在助推器舱体里迅速气化成浓重的红色烟雾。崔蕴和队友们很快就被超出防护极限近百倍的毒气包围了。

肺部像有一团烈火在燃烧，一阵阵地剧痛，呼吸变得越来越艰难。抢险必须进行下去，否则发射任务将要被迫延迟，崔蕴在心里反复提醒自己。紧咬牙关，崔蕴强迫自己保持冷静和清醒。后来，后面赶到的队友把中毒昏迷中的崔蕴送到医院。中毒太深，他浑身不听使唤、一直抽搐。医生不断冒险加大解毒药剂量，直到药量加到常人的 10 倍，才把他从鬼门关拉了回来。“他吸入的毒气太多，如果再晚来一小时，我们也没有办法了”。医生感叹说。

第二天，刚刚从鬼门关走了一遭的崔蕴在剧烈的疼痛中得知了一名队友在抢险中牺牲的消息。但他们的鲜血没有白流，他和战友用生命换回了胜利。几天后，我国第一枚长征二号捆绑运载火箭成功完成首飞。这一年，崔蕴29岁。也是从这一年起，崔蕴的身上的责任又多了一份，他要把老战友未竟的航天梦变成现实。

图25：崔蕴正在研究技术

痴迷火箭，崔蕴一生坚持学习。对于不明白的问题，无论涉及技术还是理论，他一定要打破沙锅问到底。对于火箭的熟稔，他更像《庄子》中的庖丁。他追求勤思、巧干，在工作中不拘泥于操作文件要求。除了跟火箭装配相关的铣工、车工、焊工、电工等手上技术，他的脑子里还装着材料力学、理论力学等不同学科的理论知识。一次，他运用所学及时救下命悬一线的两名队友。

某火箭发射前，箭上引导信标机突然出现故障，直接影响地面人员对火箭运行轨迹和状态的追踪，需要紧急更换引导信标机。按工作要求，更换引导信标机，需要以工艺文件为指导。当时身兼工艺员的总装一组组长崔蕴，在编写完工艺文件后爬上发射塔架，指挥操作人员进舱操作。发射塔架上下两层操作平台上这时都站满了设计人员、基地工作人员和领导。两名经验丰富的操作人员已经戴好空气面罩，准备进入火箭舱体。“感觉空气压力怎么样?”崔蕴关切地问其中一位郑师傅，师傅笑答“压力可以”。

崔蕴继续检查舱体内情况。这时候，郑师傅身体轻晃了一下。这一晃被细心的崔蕴看在眼里，他心里一惊，不好！来不及解释，崔蕴一把掀起郑师傅的空气面罩，抱住他滚倒在大家脚下，紧接着一把爬起来狠掐郑师傅的人中，接连扇了他四、五个耳光。因为事情发生的太快，大家还以为崔蕴和郑师傅在打架，有人甚至来为两个人拉架。

事后人们了解到，崔蕴正是从那一晃，看出了氮气中毒的症状。原来因工作人员一时疏忽，两位师傅空气面罩的气源竟错接成了无色无味的氮气。在掀下面罩后，郑师傅已几近昏迷，一条腿掉进火箭与发射塔架的弧形间隙，随时有可能从40米的高空摔落。幸好崔蕴第一时间反应完成了那一系列的连抱带滚的操作，避免了事故的发生。崔蕴背着郑师傅一口气跑下40米高的塔架，送往急救中心。清醒后的郑师傅要感谢崔蕴，可崔蕴一把把手上和身上还来不及擦拭的刚刚郑师傅口鼻里喷出的白色泡沫抹在郑师傅身上，大笑说“还给你!”然后转身继续执行发射任务

去了。

崔蕴先后参与我国多型号火箭研制，总体装配和总装测试实践经验丰富，是“活的火箭说明书”。我国新一代运载火箭长征五号、长征七号要在天津进行总装，组织上第一时间想到了崔蕴。

总装基地在滨海新区，与北京相隔150多公里，任务繁重，工作强度大，年过半百的崔蕴又曾两次历经脑血栓，家里人不愿意崔蕴拿生命来冒险。但崔蕴一生热爱火箭，他最终还是不顾家里人的反对，来到这里挑起新一代运载火箭总装工作的大梁。

新一代运载火箭绝大多数技术都是新的，装配火箭的是一支刚走出校门还没有任何火箭研制经验的年轻学生队伍。崔蕴不敢有丝毫怠慢。

崔蕴工作起来“严”字当头。4万多平米的厂房里，总能看到崔蕴的身影。每天他最早一个来，最后一个走，不知用脚步把厂房丈量多少个来回。几年下来，崔蕴回家的次数屈指可数。2016年，长征五号、长征七号面临首飞考验，崔蕴更是寸步不离火箭。一次，火箭管路做气密试验，崔蕴和团队一起连续熬了2个通宵。困得不行了，他就和大家一起在现场的椅子上坐会。“师傅和我们一起在现场坚守了近36个小时，直到试验合格的最后一刻，谁劝都不回去休息，大家都知道他的心里满满的都是火箭。”他的一个徒弟说。

任务紧了，崔蕴经常在现场指导装配到凌晨两三点。几次，他连续工作几个通宵，血压上来了，脸涨的通红。大伙反复劝他回去休息，他却摆摆手说“我再看看”。徒弟们都知道，几近虚脱的他即使好不容易答应回家休息，却也只是简单地看了看医生，又匆匆回到了生产现场。对自己严，对徒弟更严。宁静的厂房里经常能听见崔蕴的碎碎念和呵斥声。“我工作5年了，记的工作日志有七八十本！一发箭差不多10本，师傅经常检查笔记，如果他觉得你是对付的，那挨骂是必不可少的。”这是徒弟们对他一致的评价。

“他们可能不理解我为什么这么严，干航天容不得半点失误，否则就有可能付出生命的代价，将来的中国航天得靠他们。”崔蕴这样说。

“真心地喜欢火箭，没法用语言来形容。”崔蕴这样表达自己内心对火箭的痴迷。崔蕴说他要在这扎根一直干下去，实现自己的火箭梦。

（二）发扬“特别能战斗”精神，培养攻坚克难意识

1. 培养勇于战斗的精神品格

我国载人航天工程在起步晚、基础弱、技术门槛高的情况下启动，仅用20多年就敲开了建设空间站的大门。这不仅是航天技术快速发展的成果，更依赖一种强大的精神动力，这就是广大航天人在夜以继日的“攀高峰”“啃骨头”过程中铸就的载

人航天精神。1958 年,一群年轻人准备去莫斯科航空学院学习。大部分人获得批准,只有一位未能如愿。因为他是研究导弹总体技术的,苏联拒绝接受他。

这名年轻人叫戚发轫。后来他成了钱学森的学生,并接过钱老的衣钵成为中国空间技术研究院院长。1992 年 9 月 21 日,中央决策实施载人航天工程, 59 岁的戚发轫被任命为神舟飞船总设计师。

我国航天事业起步晚、基础薄,相比美俄有着数十年的差距,中国载人航天工程该走怎样的发展道路?工程首任总设计师王永志说:“我们要横空出世,一起步就要赶超到位。”科技人员将赶超目标锁定在俄罗斯“联盟 -TM”飞船上。这是当时世界最先进的载人飞船,性能优越、技术成熟。回想起艰苦攻关的岁月,戚发轫说:“我们白天做晚上做,星期天星期六也做,过年过节也做。”说得轻描淡写,背后的艰辛谁能想象?1996 年,中国空间技术研究院准备试制神舟飞船相关产品,为了赶上任务的进度,全国五一劳动奖章获得者王连友所在班组需要在 10 天内完成飞船金属壳体的组合加工。当时,专为此次任务引进的设备刚组建好,外方技术人员认为中国工人不可能在短时间内掌握设备操作能力,加工大型复杂产品。然而,王连友和工友们 24 小时吃住在机床边,硬是抢在节点前完成了加工任务。

面对一系列全新领域和尖端课题,航天人啃下一个个硬骨头,获得了一大批具有自主知识产权的核心技术,使我国在一些重要技术领域达到了世界先进水平。神舟飞船自设计之初就采用了当时国际上最先进的三舱设计,同时针对“联盟 -TM”飞船的缺点进行了改进和重大技术创新。这样的成果让俄罗斯专家赞叹不已。

随着中国载人航天工程不断推进,飞行任务不再是神舟飞船的“独角戏”,而开始了神舟、天宫的“双人舞”。其中,天宫一号目标飞行器的登场,实现了我国一次重大技术跨越。2011 年 9 月 29 日傍晚,我国载人航天工程总设计师周建平望着酒泉卫星发射中心的发射塔架,内心并不平静。

按照我国载人航天工程“三步走”战略部署中原本的计划安排,此次发射本来不在计划之列。对于以空间交会对接为核心任务的载人航天工程第二阶段,我国最初方案是将神舟飞船轨道舱改造后留轨飞行,作为目标飞行器与后续神舟飞船进行无人、有人空间交会对接。相比航天大国早期交会对接的试验方法,该方案已向前迈进了一大步,并且技术风险较小。

但随着 2008 年神舟七号乘组完成太空行走任务,中国载人航天的工程能力和技术储备已达到更高水平。

我国的航天事业是在国家经济、技术极其落后的基础上艰难起步的,物质条件极不丰富,工作条件十分艰苦。老一辈航天工作者不怕困难,兢兢业业,奋斗不息。艰苦奋斗的精神伴随着航天创业者们走过荆棘,越过险阻,创造了一个个人间奇迹。江泽民同志在“两弹一星”元勋表彰大会上说:“‘两弹一星’的研制工作者们是一支特别能吃苦、特别能战斗的队伍,他们在茫茫无际的戈壁荒原,在人烟稀少的深山峡谷,风餐露宿,不辞辛苦,克服了各种难以想象的艰难险阻,经受了生命极限的考验。他们运用有限的科研和试验手段,依靠科学,顽强拼搏,发愤图强,锐意创新,突破了一个个技术难关。他们所具有的惊人毅力和勇气,显示了中华民族在自力更生的基

础上自立于世界民族之林的坚强决心和能力。”

在新的历史时期，航天工作者的工作生活条件得到了很大改善。但是我们国家是一个发展中国家，经济并不富裕，不可能拿出更多的资金发展航天事业。即使物质条件得到了改善，艰苦奋斗的精神也决不能丢。胡锦涛在庆祝我国首次载人航天飞行圆满成功大会上的讲话中，将坚持发扬艰苦奋斗作风作为我国首次载人航天飞行取得圆满成功的宝贵经验之一，指出：“在实施载人航天工程的历程中，广大航天工作者发扬艰苦奋斗的优良作风，知难而进，顽强拼搏，在重重困难面前百折不挠，在种种难关面前敢于胜利，奋力攀登载人航天的科学高峰。实践告诉我们，无论过去、现在还是将来，艰苦奋斗永远是我们战胜一切困难、夺取事业胜利的重要法宝。”

科学事业的进步需要百折不挠的毅力。百折不挠体现出对航天事业的信心，对航天进步的执着追求。百折不挠的精神是中国革命和建设取得成就的重要原因。载人航天事业起点低、基础设施不足的情况下，航天工作者依然坚持研发，为中国在太空领域取得了卓越的成就。

百折不烧表现为深入钻研、坚持攻关的坚韧毅力。航天科技水平的提高，是航天工作者克服障碍、坚持不懈的结果。在天宫二号和神舟十一号载人飞船试飞成功的大会上，习近平指出，航天事业的发展是航天工作者坚持研发和坚持钻研的结果，要鼓励航天工作者坚持百折不挠的精神不断为航天事业的持续进步注入力量，为航天科技的持续进步提供精神动力，百折不挠既是航天事业发展的需要，也是当下航天工作者注重创新的表现。要以航天梦的实现助推中国梦的实现，让高速发展的科技成为实现中国梦的重要动力。百折不挠表现为不畏艰险和困难的大无畏品质。中国航天事业遇到的艰难困苦在世界航天史上是罕见的。航天事业初建时期，中国航天事业发展的基础设备不健全，同时有关航天工作的研究资料不全面，在中国发展航天事业是新的发展方向，面对这样的发展困难，航天工作者坚持不懈，最终有了“两弹一星”的卓越成就。在之后的发展过程中，航天系统的广大干部、科技人员和技术工人保持对航天事业的信心，以大无畏的精神，克服各种研发难题，推动航天工作向前发展。艰苦奋斗的精神在航天事业中表现为勤奋研究，刻苦钻研，以此为基础掌握科学知识和生产技能，为达到世界先进水平而不懈努力。坚持百折不挠是航天事业取得进步的重要精神支撑，也是航天工作者克服困难不断推进航天事业进步的重要力量。

2. 打造战之必胜的精英团队

“千人一枚箭，万人一杆枪”是对载人航天工程的形象描述。载人航天工程是我国规模最大、系统组成最复杂、技术难度最高、协调面最广的工程，直接承担工程任务的科研院所有100多家，如果算上协作单位，共有十几万人参与到工程之中。依靠社会主义制度集中力量办大事的显著优势，全国数千个单位、十几万科技大军自觉服从大局、保证大局，坚持统一指挥和调度，做到举国一盘棋，凝聚成气势磅礴的强大合力。从神舟一号到神舟十二号，每一次巨大成功、每一次历史性突破，靠的是全国大协作所产生的伟大力量和新型举国体制的巨大优势。如果没有同舟共济、团结协作的大局意识，没有协同创新、集智攻关，这项复杂的科技工程的运转是无法想象的。毫不夸张地说，我国载人航天工程是充分发挥社会主义制度能够集中力量办大事的政治优势和军民融合发展的优秀典范。

（1）精英团队，共和国的脊梁

载人航天是衡量一个国家综合国力的重要标志。虽然起步较晚，但中国航天人始终坚持高起点发展，自主创新，奋力攻关，突破和掌握了一批核心技术，在较短的时间内走出了一条具有中国特色的载人航天工程发展道路。

神舟飞船从研制开始就瞄准了国际第三代载人飞船水平，直接采用三人三舱的设计方案；为打造托举神舟飞天的神箭，运载火箭设计制造人员开展了近千项技术攻关，让长征二号F火箭成为享誉世界的“金牌火箭”；建设载人航天发射场，采用中国特色的总体技术方案——垂直总装、垂直测试、垂直整体运输、远距离测试发射，跻身世界先进行列……一系列新技术、新创造、新成果，无一不是中国航天人创新攻关的智慧结晶。

1999年11月20日清晨，西北大漠深处。成千上万的人们在刺骨的寒风中兴奋地等待着。

6时30分，长征火箭托举着中国自行研制的神舟一号无人飞船直上云天，并于次日凌晨准确着陆在预定回收区域。

这意味着，中国航天用短短7年时间就走完了发达国家用三四十年走过的路。

只有最泥泞的道路，才能留下最深的足迹。同样，一种精神，只有经过狂风暴雨的洗礼、挫折失败的磨砺，才能刻骨铭心。

2021年5月19日晚，天舟二号货运飞船距离发射不到3个小时，长征七号遥三运载火箭一个压力值参数突现异常，不得不推迟发射。

这枚火箭能否成功发射，关系着中国空间站“天地运输走廊”能否顺利搭建，更关系着后续载人航天计划能否顺利实施。

距离下一个发射窗口还有9天。为了摸排故障，试验队员换好服装、戴好面罩，一次次从50厘米见方的舱门钻进箭体仔细排查。

5月的海南，室外温度高达30多摄氏度，湿度达90%以上。在火箭舱体中，则是零下183摄氏度的低温。巨大的温差考验着长征七号，也考验着每一名试验队员。而他们对此无暇顾及，都憋着一股劲儿，一定要尽快完成问题定位。

5月25日，归零工作接近尾声。5月29日20时55分，火箭成功发射！

“归零”，中国航天人创造的名词。这个可以简单解释为“从头开始查找故障原因”的词语被细化为5个步骤。正是“归零”原则与经过一次次发射试验淬炼而成的严慎细实作风，成就了中国载人航天的一次次成功飞行。

可以说，崇高使命焕发了中国航天人特别能攻关的精神，这种精神又激励着中国航天人不畏艰险、勇攀高峰，在短短29年间便实现了从无人飞行到载人飞行、从一人一天到多人多天、从舱内实验到太空行走、从单船飞行到组合体稳定运行的航天奇迹。

(2)铆钉国之大者，稳固大国地位

载人航天工程是我国空间科学实验的重大战略工程之一，也是我国航天史上规模最大、技术难度和安全可靠性要求最高的跨世纪大型系统工程。

“中国共产党所做的一切，就是为中国人民谋幸福、为中华民族谋复兴、为人类谋和平与发展。”习近平总书记这样阐述中国共产党作为百年大党的天下情怀与担当。党中央在对航天任务取得成功进行肯定和褒扬时，频繁提到其与世界、与人类的关联，强调要为人类和平与发展的崇高事业作出更大贡献。这样的肯定和期许，为传承航天精神谱系指明了方向。中国航天致力于包容互鉴，敞开怀抱欢迎全球合作，并将“开放包容”“合作共赢”等理念清晰地写入了航天精神谱系。中国航天的发展路径、理念、模式、制度等，是中国道路的重要组成部分，是坚定道路自信、理论自信、制度自信、文化自信的重要依据。

爱国表现为对国家安危的关心、对国家荣誉的维护以及对国家发展的了解，是个人在社会生活中形成的忠诚和热爱自己祖国的思想和感情，践行爱国精神主要表现为在社会生活中维护国家荣誉、保护国家建设成果以及对国家建设的积极奉献。航天事业的发展需要爱国精神的支持，也是人民群众爱国精神的具体体现。

爱国主义在载人航天精神中表现为勇于献身祖国的乐观主义品质。航天工作者特别能吃苦、特别能战斗，根植于忠诚祖国、报效祖国的精神，始终把报效祖国、成就航天事业为最高理想，立志把个人价值归功于祖国航天事业。这种强烈的爱国情怀，激励着一代又一代航天工作者为理想的事业奉献终身，并且把它作为判断自身价值的标准。发展航天事业的开端，国家的基础设施不完善，为激励航天工作者，航天工作领导人提出“头顶青天，脚踏荒山；胸怀祖国，放眼世界”，体现出强烈的乐观精神，面对恶劣的环境、艰苦的客观条件，更表现出航天人的强大的爱国胸襟和革命乐观主义精神。

爱国主义体现在顽强拼搏与脚踏实地的作风。进入新世纪，中国航天事业面临着新的形势、新的挑战、新的任务以及新的使命。航天领导者提出建设国际一流航天团队的发展目标，这一目标要求航天工作者必须继承和发扬艰苦奋斗的优良传统，深入研究，坚持脚踏实地的工作方法，为满足祖国需要不断奉献自我，同时要坚持祖国发展规划，高效率地完成航天工作者的神圣使命，在航天事业的发展中贡献技术力量，实现人生价值，让艰苦奋斗的优良作风在新时代不断发扬，也证明爱国主义的突出体现就是为祖国事业的奉献。

中国航天的精神是典型的中国精神。“为人类谋和平与发展”是中国航天精神始终的追求与情怀，与“和合共生”“协和万邦”“世界大同”等中华传统智慧与价值一脉相承，是中国共产党和中国人民始终把推动人类进步事业视为应有担当的题中之义。中国航天的成就是耀眼的中国奇迹，中国航天故事是极好的中国故事。中国航天白手起家，一路蹚过荆棘、饱经挫折，一路高唱凯歌、勇攀高峰，在过去半个多世纪书写了令世界印象深刻的“创业”故事、“超越”故事。“有梦想才有力量”“征途漫漫唯有奋斗”“科学有险阻，苦战能过关”“爱拼才会赢”……这些积极的精神要素贯穿在航天精神谱系之中，不仅对中国社会具有强大感召力，而且能够引发世界人民的共鸣。

航天精神谱系蕴含着全人类的共同价值。航天精神谱系的丰富内涵，与和平、发展、公平、正义、民主、自由的全人类共同价值高度一致。中国发展航天事业，完全出于和平的目的，是为了中国与世界的共同发展，不仅要造福中国人民，也要通过各种方式，致力于成果共享，促进共同发展，造福整个世界。中国发展航天事业，是为了让中国人民和世界各国人民更加公平地掌握航天技术、应用航天技术，享受现代科技带来的服务与便利，缩小信息鸿沟，让公平的阳光洒遍世界。中国发展航天事业，于内尊重科学、尊重知识、尊重人才，重视技术民主，鼓励创新创造，强调对人的精神因素的有力引导与充分激发，让广大科技工作者在宽松的环境下履职尽责、研究探索、迸发活力、释放激情，让精神的力量厚积薄发，流溢于事业发展的各个方面，出成果、出人才、出精神。中国发展航天事业，于外积极推动航天技术有效融入社会治理、国家治理与全球治理，促进世界各国的共同发展，推动历史车轮在航天领域始终走在正确的道路上，向着光明的目标前进。

历史和时代都证明，中国越发展，就越能为世界提供更多机遇，越能壮大人类和平与发展的力量，越能为全人类增福祉。仰望星空，“天和”遨游、“北斗”定位、“嫦娥”奔月、“天问”探火、“祝融”驭火、“慧眼”观天、“天眼”巡天、“墨子”窥微、“悟空”定睛、“张衡”遐思……星辰大海的征途，闪耀着中华民族的荣光，也给全人类带来了实实在在的福祉。

值得一提的是，许多航天器的名称来自中国的古代神话传说以及杰出的古代科学家。这些名字不仅是中华文明史上的明珠，也在世界文明史上留下了浓墨重彩的一笔。神话是文明的“童年”，许多文明都有飞天、揽月、摘星的故事流传，许多古老的壁画、文字记载或口口相传的歌谣中都有对天空、对宇宙的美好想象，许多国家的古代科学家、文学家都对头顶的穹庐与漫天的繁星进行了不懈的探索与讴歌。可以说，航天是深藏在全人类心灵深处的记忆。而中国航天的成就，让这些令人骄傲的名字焕发了“新生”，发出了历史的回响，并吸引了更多的全球目光投向中国文化、探究中国文明，产生了跨越文明的共鸣。

中国航天人就以自主学习、万众一心、协同攻坚的智慧为引领，以自立自强、艰苦奋斗、创新超越的精神为火烛，照亮了前行的路，登上了万仞的山，在世界航天史上留下了辉煌篇章。

进入21世纪，中国航天积极推动整星出口，并持续加大“走出去”步伐。北斗二号区域组网服务亚太，北斗三号全球组网服务寰宇，北斗三号为全球公共服务基础设施建设作出重大贡献。从“嫦娥探月”到“天问探火”，中国长期致力于在探月和深空探测领域推进国际合作。通信卫星在静止轨道上连成了“星星桥”，遥感、气象卫星等俯瞰五大洲、四大洋，空间科学合作日益密切，火星探测、空间站建设为人类和平利用太空作出开创性贡献……凡此种种，都是中国航天精神“为世界谋大同”的理念反映，都是中国航天致力于共建“一带一路”、构建人类命运共同体的实践与贡献。

中国人民不仅希望自己过得好，也希望各国人民过得好。立足当下，面向未来，

中国航天人将在党的领导下，以航天精神谱系为指引，继续开放融合、合作共赢，在包容互鉴中促进共同发展，为了人类和平与发展的崇高事业、为了全人类的共同福祉而持续奋斗。

（3）打造精英团队，提高育人水平

“特别能战斗”集中体现了中国共产党人敢于斗争、善于团结的政治品格，中国共产党在领导革命、建设和改革过程中，靠坚持不懈的斗争精神和团结精神，从一个胜利走向又一个胜利。

“世上无难事，只要肯登攀”在载人航天工程中得到了最好的印证。我国载人航天起步比世界航天大国晚40年，“怎样在人家的飞船上天几十年之后，我们作出一个飞船来还能振奋人心呢”，这是我国航天工作者需要回答的课题。航天工作者知难而进、锲而不舍，攻克了飞船研制、运载火箭的高可靠性、轨道控制、飞船返回等国际宇航界公认的尖端课题，在一些重要技术领域达到了世界先进水平，形成了一套符合我国载人航天工程要求的科学管理理论和方法，创造了对大型工程建设进行现代化管理的宝贵经验。航天工作者用11年时间跨越了发达国家几十年走过的历程，把只有极少数大国才有能力研究建造的载人航天系统变成现实。一系列关键技术的突破，使我国在世界高科技领域占有了一席之地。我国航天事业所经历的坎坷与辉煌，记录着中华民族在历史大跨越中的自强、自信与自豪。

毛泽东曾说，我军“历来依靠官兵一致，获得了光荣的胜利”。“团结自己，战胜敌人”是军队政治工作的总方针，实际上也是军队管理工作的总方针。良好的内外关系，是解放军战斗力、执行力的重要源泉，国防部五院做到了。1958年，研制工作刚刚处于起步阶段，不少干部对国防部五院的建院方针认识不一。在此情况下，需要把干部的思想统一到中央的决策上来，把中央的决定转化成广大干部和科技人员的自觉行动。国防部五院党委于8月召开了科室以上四级干部会议，集中解决干部思想问题。通过广泛讨论和认真开展批评与自我批评，提高了对建院方针、加强对科学技术的领导、发挥思想政治工作的作用等问题的认识，探讨和解决了型号发展中的学习与研究、仿制与独创的关系，整顿了干部思想作风，纠正了自由主义等影响团结的问题。会后，各级党政干部振奋精神，齐心协力，积极贯彻聂荣臻元帅的指示和要求。国防部五院党委确定了“以仿制为主，带动全院一切工作”的指导思想，推动了科研生产，为航天事业建设和发展奠定了思想和组织基础。

培养出一批优秀的学生干部，在促进校园文化建设、加强思想政治教育、完善学生工作管理中都发挥着重要的作用，为更好地对学生干部的队伍培养和建设，提出以下策略。

①完善健全学生干部选拔管理机制

培养建设好一支学生干部队伍，首要是完善其选拔管理机制。我们采取逐层考核的选拔机制，确定学生是否有锻炼自我、肯吃苦、服务大家的初心。态度决定高度，能力可以逐步培养。适当地分配几次任务对学生进行考量，根据完成的满意度进行老师层面的打分，再由学生组成的考核小组共同探讨，并对候选人进行公示，保证学生干部选拔任用的公平公开。在完善选拔机制后，也需要建立相应的监督机制，专门负责对学生干部的监督，保障学生干部队伍的先进性和为人民服务的职责，对学生干部队伍的建设做好基础性的保障，为广大学生起到模范带头作用。

②明确定位，提升学生干部基本素质

学生干部是联系学生和老师之间的纽带，是一个服务者的角色。这需要学生干部明确自己的定位，提高自身的责任意识和服务意识。一名优秀的学生干部应该有较强的思想政治素养、组织协调能力，并有一定的群众基础和威望威信。优秀的学生干部应该在学习、工作、生活等方面都有出色的表现。提升学生干部的基本素质，应在以下几个方面来重点培养。第一，道德品质。学生干部应把思想道德教育摆在首位，加强理论知识的学习，逐步树立正确的世界观、人生观、价值观，提升自身的思想政治水平，以更明确的初心为同学服务。第二，综合能力。一个学生干部需要看的不仅仅是学习成绩，各方面的综合素质也很重要，比如人际交往能力、组织协调能力，等等。老师给学生更多的锻炼机会，充分调动学生工作的积极性。第三，心理素质。部分同学由于自身经历顺利，很少受到批评等等，这使得面对困难或问题时，会产生负面情绪。老师要及时发现并对其进行疏导，帮助他们学会遇事沉着冷静的心理素质。

③创新培养，打造全新的学生干部队伍

由于高校学制的因素，学生干部的更换周期短，在交替期会出现用人难的问题。解决这个问题，应创新培养方式，实行"帮带"制度，保证学生干部队伍的活跃度。同时实行奖励与惩罚机制，实行"能者上、平者让、庸者下"的原则，保障学生干部队伍工作的积极性，不断激发他们的潜能，更好地为学生服务。高校学生干部是新时代学生中的代表，是学生和教师之间的桥梁，是学校开展各项活动的核心力量，在校园文化活动、学风建设中都发挥着重要的作用。虽然现阶段高校学生干部队伍培养建设存在着一些问题，但通过相应对策，不断完善其管理机制，加强综合素质的培养，学生干部的队伍将在高校学生教育管理工作中发挥更大的作用。

将积累的知识转化为中国特色社会主义建设的能力，需要每一名大学生努力实践和不断奋斗。加强社会实践，储备基本技能，提高适应社会能力；学会能干大事又能干小事的本领，学会尊重他人，并与他人和谐共处，妥善处理人与人之间的关系的能力；主动实习实验，提高动手能力；参与社团组织和社会活动，提高组织管理能力；加强身体锻炼，提高身体素质，储备奋斗资本。大学生只有发扬特别能战斗的精神，不懈攀登，不断奋斗，勇于面对各种困难，才能掌握建设祖国、贡献社会的能力。

3. 不破楼兰终不还："特别能战斗"精神融入高职高质量发展路径研究

（1）加大劳动教育力度，在课程中融入劳动教育因素

中共中央、国务院发布《关于全面加强新时代大中小学劳动教育的意见》（以下简称《意见》）强调，大中小学应加强新时代劳动教育，发挥其树德、增智、强体、育美的综合育人价值，培养学生正确劳动价值观和良好劳动品质。苏联教育家马卡连柯也曾经说过，劳动教育是人的劳动品质教育，其目的是发展人的体力、智力和培养他们从事生产劳动的技能技巧，尤为重要的是使人在道德上和精神上得到良好的发

展。由此可见,劳动教育更具思政课程属性。高职院校在继续重视专业教育训练、提升学生专门性劳动知识技能的同时,还应在教育部印发的《高等学校课程思政建设指导纲要》(以下简称《课程思政指导纲要》)、《大中小学劳动教育指导纲要(试行)》(以下简称《劳动教育指导纲要》)等文件指导下,积极实施在专业课程中融入劳动教育,以培养德智体美劳全面发展的人。

《课程思政指导纲要》指出,课程思政建设内容要以爱党、爱国、爱社会主义、爱人民、爱集体为主线,系统进行社会主义核心价值观教育、法治教育、劳动教育、心理健康教育等。由此可见,劳动教育为课程思政建设的重要内容之一。《意见》同时指出,职业院校以实习实训课为主要载体开展劳动教育,其中劳动精神、劳模精神、工匠精神专题教育不少于16学时。也就是说,专业课程在实施课程思政过程中,应将劳动精神、劳模精神、工匠精神等融入专业课程教学之中,帮助学生增强诚实劳动意识,树立正确就业观,培育公共服务意识,使学生具有面对重大疫情、灾害等危机而主动作为的奉献精神。

习近平总书记在全国教育大会上强调:“要在学生中弘扬劳动精神,教育引导崇尚劳动、尊重劳动,懂得劳动最光荣、劳动最崇高、劳动最伟大、劳动最美丽的道理,长大后能够辛勤劳动、诚实劳动、创造性劳动。”劳动教育可发挥其在“立德树人”中的重要作用;思想政治教育是学生成长成人成才教育的主渠道,其中心环节亦是立德树人。将劳动教育与思政教育有效融合,可以实现教育方法上相互补位、教育内容上相互促进,促进二者相互渗透,从而实现劳动教育与思政教育在培育目标、教育内容、价值追求等层面融合发展。

劳动教育与高职思想政治教育融合发展是职业院校实现高质量教育的内在要求,也是新时代劳动教育和学生思想政治教育变革的客观趋势。新时代加强劳动教育绝不是只做加法,而应渗透在思想政治教育教学之中,要精心设计,并贯穿在高职院校育人的全过程。从思想政治教育角度出发,使学生在马克思主义世界观指引下,深刻领会社会主义劳动观的内涵;通过日常化的思想教育工作来熏陶学生的劳动意志品质;通过为学生搭建各类志愿服务平台来丰富劳动教育的实践形式,使学生在实践活动中养成热爱劳动、热爱生活的精神风貌,进而增强劳动教育的教育效果。从劳动教育的角度出发,通过劳动理论素养与实践能力教育,劳动情感态度、劳动习惯养成教育,使大学生养成自律生活方式和良好生活习惯,引领其作为学生榜样,指导身边人共同形成正确的价值观,进而增强高职院校思想政治教育的针对性、实效性。

(2)强调实践教育,让学生在实践中增强吃苦耐劳精神

航天工作者的工作能力、办事效率直接影响着航天事业的发展效率和航天目标的实现程度。随着全球化、信息化发展迅猛、竞争日趋激烈,要保持航天事业的发展速度,航天工作者在加强自主创新的同时,也要向其他国家的航天工作者学习,向实践学习,通过理论和实践锻炼,汲取航天事业发展的经验,进一步增强办事能力,提高办事效率,切实解决航天事业发展的关键问题,不断让自身进步。求真务实要求航天工作者要以民生为本,为国家和人民发展解决问题。航天工作者要以切实增强服务意识来落实求真务实的原则，坚持体察民情、倾听民意、关注民生，把航天产品与市场需要相结合，让人民享受航天事业发展带来的成果，同时为航天工作社会价值的实现注入力量。近年来，国家高度重视航天科技的发展，为航天事业的发展投入大量的人力和物力。航天工作者要心系国家和人民，以促进航天事业的发展为标准，切实把各项研究任务和试飞任务做到实处。航天工作领导者，要带领各部门航天工作者带头贴近中国的实际发展，让航天事业的发展为社会发展所利用，让科技的进步与生活水平的提高相联系。

高职院校的人才培养目标注重实践性，这是与普通高校的不同之处。经济和社会发展对高职院校毕业生的需求其实就是用人单位对院校课程设置的要求，高等职业教育课程设置必须服从和服务于经济社会发展，以就业市场需求为导向，科学设置课程内容。高职教育就是培养学生的实践操作能力和职业岗位胜任能力为目标，所以其教学方法须具有更强的实践性，理论紧密结合实际，提高教学质量。高职教育人才培养的目标要求，定位了高职院校的师资应该是区别于一般普通高校，是具备更为全面的理论知识，更强的专业技术实践能力和组织管理能力的"双师型"教师。

当今的高职毕业生，在初次就业过程中，往往更多的是考虑工作环境和企业周边的配套设施，以及进入企业后的晋升空间和速度，薪酬待遇方面等等，所表现出来的功利性很强。为了更好地做好高职学生的学习生涯指导、职业生涯指导和就业指导工作，我们更应该从早抓起，从日常的点滴抓起。同时，我们还组织高职学生利用寒暑假的时间，积极参加社会实践活动。通过接触社会，走进社会，锻炼高职学生的吃苦能力、抗压能力，从而磨炼高职学生的吃苦耐劳品质。

组织学生深入企业进行专业见习，通过用人单位人力资源部对企业文化的介绍和对公司组织构架的讲解，高职学生普遍都对个人职业生涯规划有了更深层次的了解和认识，更直观地了解到企业在人才培养方面更注重员工的吃苦耐劳品质。此外，通过对用人单位各部门、岗位的实际考察，让大家对实际工作环境也有了更直观的认识，对在岗人员在工作岗位上表现出来的吃苦耐劳品质有更直观的接触，而不是仅仅通过硬邦邦的数字来认识。同时，企业工作人员现场操作的展示和示范，让大家认识到，不经历一番勤学苦练，没有能吃苦的精神，没有抵得住诱惑的能力，那是不可能在个人职业成长中取得长足发展的。专业见习对吃苦耐劳品质的感性认识，让学生对吃苦耐劳品质在个人职业生涯中的重要性有了更深的认识，从而为个人的职业发展奠定基础。

专业实习是毕业生就业前知识、能力、素质的一次全面锻炼。通过专业实习，学生可以体验真实的工作环境，了解企业的用人标准，感受企业文化，熟悉企业经营管理模式，增强自身的适应能力和提高自身的职业综合能力、技术应用能力及就业竞争实力。专业实习更是检验教学成果非常重要的一环，也是学生走向社会，适应社会的重要过渡。他们通过参加专业实习，提高学以致用和适应社会的能力。真实的工作环境，高职学生有机会直接接触工作岗位，这也为全面检验吃苦耐劳品质提供了磨炼以及考验的平台。通过磨炼，高职学生可以训练专业技能和提高实际工作能

力，并增进对企业的了解。同时，企业也结合具体的实际工作情况，考察高职学生的表现，有针对性地进行培养，从而促进高职学生个人的职业发展。

高职学生在初次就业过程中，往往对个人职业生涯规划、职业发展感到迷茫。而个人的职业发展，更是一个长期的工程。为有针对性地开展对高职学生的就业指导，我们对高职毕业生更是做到了全面指导和全程跟踪。高职学生在初次就业过程中，往往会遇到一些困难，吃一些苦，受一些委屈，会有打退堂鼓的想法。要做好高职学生的就业指导工作，提高高职学生就业稳定性，让高职学生在职业上取得长足的发展，我们的就业指导人员就应始终坚持全程做好学生的就业指导，特别是在学生走上工作岗位后，长期做好学生的心理疏导和吃苦耐劳品质养成的引导，为学生排解职业生涯中的疑惑和困难，让学生毕业后能走得出去，稳得下来，真正成长起来。

四、点滴铸就新辉煌——“特别能攻关”精神培养

“特别能攻关”的载人航天精神，是在抢占载人航天技术制高点奋斗过程中磨砺而成的。中国载人航天之路是一条完全独立自主的创新道路。为了确保中国载人航天事业的后发优势，我们在飞船设计、火箭改进、轨道控制、空间应用、测控通信、航天员训练、发射场和着陆场等方案论证设计中，一开始就瞄准世界一流，努力实现关键技术重大突破，把关键技术掌握在自己手里。

（一）“特别能攻关”的内涵及典型人物事迹分析

党的二十大报告提出，坚持创新在我国现代化建设全局中的核心地位，加快实现高水平科技自立自强，加快建设科技强国。这是以习近平同志为核心的党中央把握国际国内大势、有效应对风险挑战、确保实现新时代新征程党的历史使命作出的重大战略抉择，充分体现了习近平总书记高瞻远瞩、统揽全局的战略思想及对科技创新的战略擘画，为新时代科技发展指明了方向。

回顾我国载人航天发展历程，中国航天人的成功实践告诉我们，一定要勇于站在世界科技发展的最前列，敢于在一些重要领域和科技前沿创造自主知识产权，大力提高核心竞争力，努力在世界高新技术领域占有一席之地。

我国的载人航天工程在起步时，明确提出，要坚持做到“起步晚、起点高，投入少、效益高，项目少、水平高”，走跨越式发展的道路。如今，尽管我国已经掌握了大推力火箭和返回式卫星等基础技术，但对于载人航天这个航天领域的最高难题，却几乎是从零开始。即使如此，中国航天人还是大胆地提出了设计制造一步跨越国外近 40 年发展历程的飞船设想。“我们不想重复国外的老路，为的是奋力追赶拉大的差距。”在临退休前又被任命为神舟飞船系统总设计师的戚发轫说。

面对一系列全新领域和尖端课题，戚发轫他们组织航天人才，日夜兼程搞科研攻关，获得一大批具有自主知识产权的核心技术，使我国在一些重要技术领域达到世界先进水平。在中国载人航天工程的发展过程中，成千上万名航天人扎根在平凡的岗位上，默默助力中国载人航天事业取得跨越式发展。

神舟飞船从研制开始就瞄准了国际第三代载人飞船水平，直接采用三人三舱的

设计方案；为打造托举神舟飞天的神箭，运载火箭设计制造人员开展了近千项技术攻关，让长征二号F火箭成为享誉世界的“金牌火箭”；建设载人航天发射场，采用中国特色的总体技术方案——垂直总装、垂直测试、垂直整体运输、远距离测试发射，跻身世界先进行列……一系列新技术、新创造、新成果，无一不是中国航天人创新攻关的智慧结晶。

2017年7月2日，中国文昌卫星发射中心，点火指令下达，长征五号火箭巨大尾焰照亮夜空。几分钟后，一级飞行曲线突然下降，指控大厅的气氛瞬间凝固了。问题出在哪里？研制团队开始探索。为了从上万条数据线索中找到问题原因，研制团队尝试了无数个方法，仅复飞计划就按下过两次“暂停键”。最终，研制团队仅用了28天就拿到原本需要半年生产周期的试验产品。又经过3个多月的艰苦奋战，2020年5月5日，长征五号B火箭首飞成功。

2021年5月19日晚，天舟二号货运飞船距离发射不到3个小时，长征七号遥三运载火箭一个压力值参数突现异常，不得不推迟发射。这枚火箭能否成功发射，关系着中国空间站“天地运输走廊”能否顺利搭建，更关系着后续载人航天计划能否顺利实施。距离下一个发射窗口还有9天。为了摸排故障，试验队员换好服装、戴好面罩，一次次从50厘米见方的舱门钻进箭体仔细排查。5月的海南，室外温度高达30多摄氏度，湿度达90%以上。火箭舱体中则是零下183摄氏度的低温。巨大的温差考验着长征七号，也考验着每一名试验队员。而他们对此无暇顾及，都憋着一股劲儿，一定要尽快完成问题定位。5月25日，“归零”工作接近尾声。5月29日20时55分，火箭成功发射！

历史和实践证明，关键核心技术是要不来、买不来、讨不来的。载人航天工程作为我国高新技术发展水平的集中展示，能够在封锁打压下取得彪炳史册的业绩，走出一条具有中国特色的航天自主创新之路，关键在于一代代航天人勇攀科技高峰、独立自主创新的精神。面对众多全新领域和尖端课题，广大科技工作者知难而进、锲而不舍，勤于探索、勇于创新，攻克了飞船研制、运载火箭的高可靠性、轨道控制、飞船返回等国际宇航界公认的尖端课题，不仅获得了一大批具有自主知识产权的核心关键技术，而且形成了一套符合我国载人航天工程要求的科学管理理论和方法，展示了中国航天人卓越的攻关能力和创新能力。进入新发展阶段，科技创新成为国际战略博弈的主要战场，围绕科技制高点的竞争空前激烈，必须勇立科技创新的时代潮头，把科技自立自强作为战略支撑，掌握一批具有自主知识产权的技术和原创性成果，抢占未来科技发展先机，肩负起时代赋予的重任。

【知识拓展】 谌廷政：我是东风人，我一定要回东风！①

谌廷政不善于接受采访，相比在媒体上露脸，这位“腼腆”的航天人更希望用事业成果证明自己的价值。面对刚刚获得的“最美航天人”这份荣誉，谌廷政觉得这是对自己过去22年航天事业的总结和肯定。

---

① 杨振华 何洁. 博士毕业后，他说：我是东风人，我一定要回东风！“最美航天人”[EB/OL]. [2021-01-18]. https://mp.weixin.qq.com/s/myYqTt4T3TOCSSZQekoSfg.

出生在农村家庭的谌廷政从小的梦想就是上大学、成为航天人。当年高考填志愿时第一志愿便选择了国防科技大学，当时的谌廷政在心底默默许下诺言：“将来我一定到祖国最需要的地方去，利用所学知识报答组织的培养。”研究生毕业时，导师对他讲：“希望你能继续留下来读博或者留校任教。”他却对导师说：“我想到祖国最需要我的地方去，希望在那里实现我的理想。”就这样，他谢绝了导师的好意，一个人坐着火车来到了这座他仰慕已久的“东风航天城”。

1998 年 3 月，谌廷政到单位报到。领导对他非常重视，根据他所学的专业，将他分配到数据处理室工作，然而眼前的这一幕他惊呆了，呈现于眼前的工作、生活和科研条件和他想象中的真是“大相径庭”，整个室只有几台 386 微机，专业资料也相当缺乏。

在严峻的现实面前，他也曾一度失落与彷徨，正在这个时候，上级组织他们这批大学生参观场史展览馆，在讲解员的讲解中他明白了，老一辈东风人住帐篷、睡地窖、饮苦水、吃干菜，在黑河边上风餐露宿，在戈壁滩上白手起家，一干就是十几年、几十年甚至一辈子，他们以“死在戈壁滩，埋在青山头”的英勇气概，创造了中国航天史上的“八个第一”。

1999 年“神舟”一号飞船发射前期，上级要求 3 天出快速数据处理结果，而以往则需 15 天，仅胶片判读就需要 3 天，胶片判读的效率无疑成为实现这一目标的“瓶颈”。而当时 GP-912 是该中心唯一的一台胶片判读设备，这台设备是执行“神舟”一号飞船光学快速数据处理的关键设备，当时已使用了 10 年，频繁发生故障。如果买新的，不但研制周期长，而且价格昂贵，为确保“神舟”一号数据处理任务顺利完成，唯一的办法只有改造设备。作为检测技术与仪器专业毕业的谌廷政有些不甘心，连续几个晚上分析研究设备的工作原理之后，他向单位领导拍胸脯保证说：“我可以用少量的经费和极短时间，完成设备现代化改造，在第一艘飞船发射前，一定让它能具备参试条件。”领导看着信心满满的他，接受了他的改造建议，把这个艰巨的任务交给了他，并让他担任技术负责人，放开手去干。刚参加工作不久，就负责一项价值 30 万元的研究课题，他切身感受到了组织对他的信任，当然他也非常珍惜这个难得的机会，从此他几乎住在机房，带领课题组加班加点，创造性地解决了边执行任务边改造低分辨器件，实现了高精度判读等难题，提前半年便完成了设备改造任务。这台老旧设备，终于实现了从模拟系统到数字化系统的“脱胎换骨”，重新焕发出勃勃生机。改造后的设备连续使用 12 年，运行稳定，状态良好，在“神舟”系列飞船和数十颗卫星发射数据处理任务中发挥了重要作用。

2001 年组织推荐他到国防科大读博，再次感受到了组织给予温暖的他，心里充满了感激。2004 年底博士毕业前夕，他在微光学器件制作领域已取得较大成绩，当时有不少条件优越、待遇优厚的地方科研院所诚意聘请，导师也准备推荐他到清华或中科院继续深入开展研究。当再次面临选择的时候，谌廷政心中情感的天平骤然偏向了一边。

因为他明白：“我是东风的人，我要回去，在外面漂的时间越长，我的内心就越不安，更何况我对东风从事的试验任务充满激情，对东风航天城不断创造的航天辉煌

心怀敬仰，对自己能有机会从事这种崇高的事业而一直倍感光荣。”为此他毅然放弃了自己感兴趣的微光学器件制作这个光学前沿阵地，放弃了到地方科研单位做博士后研究的机会，背起行囊又回到了这片熟悉的戈壁，俯身投入自己热爱的事业。

关键时刻敢于亮剑，也源于平时的潜心铸剑。别人碰见难题可能会发愁，而谌廷政见了会兴奋，他说：“有问题才有机会。”长期从事测控领域工作，身处载人航天的摇篮，没搞过航天，他总觉得少了点什么，并一直寻找机会参与其中。

常规推进剂易燃易爆、有毒污染，加注过程危险性高。2005年，鉴于以前火箭加注曾经发生过的重大燃料泄漏事故，谌廷政提出了实现加注对接自动化的设想，避免人员在危险环境下的现场操作。美国和俄罗斯火箭加注自动化早已投入应用，采用的技术路线各有特点，全然不同，但其对我国实行技术封锁。

面对这一从未接触过的全新任务，同事们七嘴八舌，列举了各种实际困难，觉得可行性不高。但谌廷政坚信：“别人能做到的，我们中国人也一定能做到，我们一定能独立自主研制出适应中国火箭特点的自动加注对接系统。”

在中心自筹经费的支持下，谌廷政与项目团队成员怀着坚定的信念，在不到一年时间里，就研制出了第一款自动化加注系统原型机——“箭栖加注机器人”。这款原型机虽然达到了美国当时的技术水平，但却没有达到他的研制目的。

为了实现从跟跑到超越，在此基础上，他又和课题组人员深入论证，创新地提出了“在火箭和塔架之间可以两栖作业的可重构加注机器人”设计理念。这个理念是融合了美俄不同特点的全新设计，可以有效解决我国细长火箭箭体晃动时的实时跟踪随动难题，确保火箭安全。2010年，我国第一套拥有完全自主知识产权的常规液体火箭自动加注对接系统顺利通过科技部组织的现场验收。为了突破研究成果工程应用转化难的问题，2013年，他与课题组成员又展开了新一轮技术攻关，成功研发出第三代产品——灵巧型加注自动对接机器人，大大简化了机器人系统结构，显著提升了实用性和可靠性。2011年，中心首次执行某新型试验任务，提出了远距离地面测量交会处理精度必须达到0.5米的要求，而以当时的技术和设备能力，只能达到3~5米的精度，离任务要求差距较大。

为了能准确检验实际能力，面对前所未有的难题，他主动请缨、迎难而上，带领技术骨干刻苦攻关，在不到半年的时间里先后突破了相对矢量合成建模、站间时差回归修正、光雷图像辅助精细判读、目标姿态计算、光学畸变外场标校等5项关键技术，成功解决了方法的通用性、适应性、可靠性和高精度处理等难题，并将任务发射窗口由原来的3分钟可见光测量窗口扩大到任意时间测量窗口，为该项试验任务圆满完成作出了重要贡献。

只有荒凉的戈壁，没有荒凉的人生。谌廷政的经历或许不可复制，但创新意识和永葆赤子之心的精神却值得借鉴和学习。

无论我们是从事崇高而伟大的事业，还是在平凡岗位上书写人生履历，一份担当总有一份精彩。

在逐梦航天的路上，他走得坚定执着……

【知识拓展】 卞韩城：矢志航天搜救 筑梦无悔人生[①]

让飞船返回东风，让东风成为中国航天员进出太空最可靠、最安全、最温暖的航天港是卞韩城一直追求的梦想。

2021年9月17日，搭载着3名航天员的神舟十二号载人飞船在东风着陆场成功着陆。当指控大厅显示屏传来航天员安全出舱的画面时，卞韩城紧绷的神经终于松弛下来，泪水也渐渐模糊了双眼，20多年在航天搜救领域拼搏奋斗的画面在脑海中一个个浮现出来。

1999年神舟一号载人飞船发射前夕，卞韩城有幸被组织选中担任正在筹备的陆上应急救生大队总工程师。当时，手上只有一份不到10页的航天员搜救建议书，要建设什么样的搜救体系、用什么手段去搜救，对他们来说都是一片空白。

那段时间，卞韩城和团队收集了大量国际航天搜救资料，结合我国国情开展研究，终于提出具有中国特色航天员应急搜救体系建设思路，并且突破了高海况返回舱搜索打捞等一批搜救关键技术。

我国圆满完成首次载人飞行任务后，抓住北斗一代导航系统开始运营时机，研制了航天员搜救综合态势系统；顺应多媒体技术发展开发了火箭残骸搜索基本教程、航天员应急搜救系统等优秀电教教材，卞韩城因此被选拔为人才培养计划第一层次培养对象，并晋升为研究员。

在中心人才培养计划牵引下，卞韩城获得科技二等奖成果3项、科技三等奖成果12项、发明专利3项、发表论文20多篇，并被中心党委评为科技领军人才。

东风着陆场作为载人航天工程的气象备份着陆场，多年扮演“备胎”角色。2007年，卞韩城被任命为载人航天工程着陆场系统副总设计师，让飞船返回东风的意愿也变得越来越强烈。2010年，他差一点就将神舟八号飞船着陆场争取到东风，但他暗自下决心，一定要突破沙漠搜救的技术瓶颈，建立起沙漠搜救的技术和装备体系。此后5年多，收集整理了大量资料，编写了几十份论证报告，终于在2015年8月将新一代载人飞船缩比返回舱搜索回收任务争取到中心。

新一代载人飞船缩比返回舱是世界上首次以沙漠腹地为返回瞄准点组织的飞船搜索回收任务，也是我国载人航天工程首次启用东风着陆场，并且是首艘弹道式返回的飞船。这次任务是东风着陆场能不能作为载人空间站阶段飞船返回着陆场的一次预演和考核，任务团队围绕沙漠搜救的难点和关键技术，多次进入沙漠考察地形地貌，组织力量攻克沙漠驾驶难题，发明可在沙漠中使用的直升机简易停机坪，研制履带式推运吊一体车、单轴拖车、可拆卸龙门吊架、滑沙橇等一批沙漠搜救专用装具，为任务圆满完成奠定了坚实基础。

空间站任务启动后，工程总体经过全面系统的论证最终将载人飞船返回着陆场选在了东风。针对东风着陆场多年作为气象备份着陆场，技术基础薄弱的现状，卞

① 卞韩城．“人才之星话成长”系列报道（四）卞韩城：矢志航天搜救 筑梦无悔人生[EB/OL].[2021-11-11].https://mp.weixin.qq.com/s/hNFmSFsFbRC5KImWALRw8g.

韩城和任务团队组织了20多项技术改造。为了设计出最理想的搜救方案，围绕“天上怎么飞、地面怎么控、我们怎么救”开展方案设计，清理出连续落点预报和飞行管道在线计算、对返回着陆最后“1公里”弹道测量和景象拍摄等关键技术进行集中攻关，最终以载人航天历史上最完美最精彩搜救过程圆满完成神舟十二号航天员搜救任务，实现了中心党委提出的“舱落机临、安全出舱、健康回京、全程语音畅通”的任务目标。

“当年不过寻常事，过后思来倍有情”，是航天搜救事业成就了卞韩城的人生，他成长的每一步都是组织培养、事业支撑、人才工程助力的结果。卞韩城也坚信，我们一定能够以顶格的标准、满格的状态，奋进的姿态，在建设世界一流航天搜救国家队、建设中国航天员进出太空最可靠、最安全、最温暖航天港的伟大事业中再立新功。

【知识拓展】苗永越：稳打基础 诚铸匠心

作为新一代的航天人，他传承老一辈航天人留下来的精髓，在新征程路上不断创新；作为天津航天长征火箭制造有限公司（以下称天津火箭公司）箱体总装焊接技能带头人，他带领着一支平均年龄27岁的队伍，干着国内最大的贮箱焊接工作，从最初的试验阶段到现在的飞天产品，他们一路攻坚克难、披荆斩棘，为长征五号、长征七号两型火箭首飞做出了重大贡献，他就是天津火箭公司贮箱焊接装配车间箱体总装焊接班组组长苗永越。

图26：苗永越正在工作

自入职以来，苗永越凭借出色的工作能力和班组管理能力，在长征五号初样研制阶段，作为长征五号一级氢箱研制团队成员荣获中国运载火箭技术研究院“长征团队奖”；长征五号首飞成功后，荣获国家五部委联合授予的“长征五号运载火箭首次飞行任务突出贡献者”荣誉称号；他所带领的团队在2017年、2018年先后荣获了中国运载火箭技术研究院“神箭铜牌班组”称号和天津市工人先锋号、天津滨海新区青年文明号，其中天津市工人先锋号为天津火箭公司一线班组当时获得的最高荣誉。

勤学善思笃行 解决生产难题

苗永越勤学善思，工作中认真向老师傅学习，向技术人员学习，不仅要知其然，还要知其所以然；工作之余也不忘钻研思考，想办法提升焊接装配精度，积累了大量的数据。很快，苗永越就从最初的"生瓜蛋子"成长为对芯级贮箱各项关键技术、操作要点了然于胸的技能骨干，成为公司箱体总装焊接技能带头人。

苗永越主要从事长征五号系列、长征七号系列、长三甲系列的自动焊、手工焊、锁底焊等相关工作。在自动焊焊接工作中，他所焊接的光片率（若每张无损检测透视片上不存在任何缺陷，则该透视片称为光片，整个贮箱所有环缝的总光片数除以总透视片数，即为光片率）高达80%以上，手工补焊合格率达到100%。锁底焊焊接技术难度大，背部没有焊漏电板，对熔池的观察要求极高，参数偏小会造成未焊透，参数偏大会造成烧穿，而且焊缝厚度不同，所需电流大小不同，熔池状态也不完全一致，所以需要大量的经验积累以及对焊接操作的深刻理解。他通过勤学苦练，找出了18项锁底焊指标，对每个指标进行数据统计与分析，慢慢的，他掌握了这项焊接技术，成为天津火箭公司掌握此项焊接技术的第一人。

贮箱封箱焊缝是过渡环与筒段的封口焊接，是长征五号整个贮箱制造过程中的收官之战，同样也是困难重重。长征五号贮箱为超长弱刚性结构，装配过程中筒段易变形，无法满足装配精度要求。通过多个贮箱生产的经验积累和摸索，苗永越和他的团队找到了控制装配精度的规律，通过采取"内撑外压"的方法，使得装配完成后错缝间隙的超差比例大幅下降，错缝不大于1毫米，间隙不大于1.5毫米，贮箱焊接质量大幅提高。解决了装配精度控制的问题，可拆解内撑工装的拆解运输又成为了新的挑战。焊接完成后，贮箱与外界连通的最大孔洞仅为直径500毫米的人孔法兰，位于贮箱的圆心位置，高度为2.5米，这个孔洞也是内撑工装运出箱体的唯一出口。每件拆分开的工装最重的超过30千克，长度超过2米。苗永越和他的团队需要将工装逐一拆解，人工托举，小心翼翼地运出箱外，这一过程中要求人员操作协调一致，稍有闪失将造成不可挽回的质量问题，通常将内撑工装全部拆解运出需要大约6个小时，夏天箱内密闭空间，往往不到几分钟，就已经浑身湿透。通过努力，苗永越和他的团队掌握了封箱焊缝接头装配及焊接质量控制等关键技术，解决了5米直径、超长弱刚性贮箱形位尺寸超差的问题，做到了封箱焊缝质量全流程可控，大幅提升了贮箱焊接的质量，突破了长征五号贮箱研制过程中的技术瓶颈。

质量把关 严控风险

每天工作前，苗永越都会组织班组成员召开班前会议，提前做好人员安排与生产风险细节分析，并带领组员回顾前一天的工作完成情况，密切关注人、机、料、法、环等各项指标的变动，将风险预防做在前面。

对工作，他总是十分关注细节，事情再小都不放过，在组员看来他是一个有"洁癖"的人；对问题，他爱琢磨，总能给出一些正常思维外的意见，总能扎到问题的根部；在质量方面他做了80多条风险识别点，他说：要想不出质量问题就必须把工作做到前面。在他心中质量问题不论大小，决不放过。在一次长征五号接底焊接清理过程中，他在检查打磨区是否满足焊接要求时，发现叉形环表面有腐蚀小坑，而且打磨刷未能将其清理干净。他及时上报车间，并针对问题与工艺人员进行探讨，提出了整圈刮削的解决办法。经过车间研究讨论，采用了该方案，处理过程中未见异常，

X 光与液压试验也均无异常，产品满足要求。

任务节点 严格保障

保证产品质量，同样也要保证型号任务按节点顺利完成。苗永越善于思考，每天都在想着如何提高贮箱生产的工作效率。他以产品的吊装、铣切、装配等方面作为切入点，通过对产品、设备、工艺流程的深入分析及工步间的互相匹配，做了大量的流程数据积累，对焊缝撑出工装仔细研究，分析每个环节的关系，经过 10 余次的数据积累，从而达到一次就把工作作对，不反复，不做多余工作。把原来 12 个人三天加班都难以完成的工作缩短到 9 人三天在正常工作时间内完成。

一次，产品装配过程中一条焊缝出现错缝超标问题，多次调节工装也无法消除错缝。为了摸清装配参数，苗永越带领队伍迎难而上，他对大家说：为了避免后续工作再次出现同样的问题，我们必须攻克难关，彻底弄清问题所在。历时 5 天，通过五次反复拆装，最终在产品与工装配合上找到了原因，同时大家也积累了大量的装配数据和装配经验。时至今日，此类问题没有再次出现，每一条焊缝都是一次装配成功，为型号抢下宝贵时间，保障了任务节点。

团队管理 严明纪律

在技能水平上，苗永越精益求精，在团队管理和班组建设上他也不断创新，与时俱进。他在班组中采用按劳分配的绩效管理方法，充分调动员工工作积极性。针对安全生产、质量管控、生产进度三个方面制定了一套健全的奖惩机制，对班组成员进行考核与管理。不仅保障了人员操作上的安全性，也保障了产品质量，提高了生产效率。利用奖惩制度串联其它各项班组管理制度，让每项工作都有章可循，并多次通过班组会议征求意见，对不合理项进行更改和调整，实现能者多得、多劳多得。

在制度执行上他从来不讲情面，对违规的组员严肃处理，事后也会对其进行疏导。对表现出众，达到奖励标准的组员，他也同样在第一时间进行表彰。班组各项规章制度从发布之日起坚持执行，未曾荒废，这也是他带领的队伍一直以来能够攻坚克难打硬仗的基础。作为班组管理者，苗永越不做高高在上的“管理层”，而是始终不离生产现场。他关爱组员，率先垂范。在技能方面，他毫无保留，与组员积极交流、共同学习，在他的指导下，两名徒弟也已学成出师，顺利上岗；遇到任务重、时间紧、需要倒班的时候，他总是把更加辛苦的夜班留给自己，他主动上夜班一方面是因为夜班更辛苦，另外一方面夜班更容易出差错，所以他要亲自盯夜班。

他说：作为班组长首先要有较强的技能水平，其次要比组员多付出，要起到榜样作用，要有担当，我就是队伍的导向标，所以组员们也跟我学，自然也就有了指哪打哪的队伍，也就能一起把工作做细做好，共同保障型号任务。

苗永越深爱着航天给他的这个岗位，也日益感到肩上承担的责任和使命的重量。他始终秉承“严、慎、细、实”的工作作风，为一项项技术攻关夜以继日，为一件件产品生产精益求精。他稳扎稳打，诚铸匠心，带领着贮箱总装焊接班组和大火箭、和中国航天一起成长。

【知识拓展】骆鑫生：钻进火箭的年青人

产品接收检查、部段壳段总装、部段对接、发动机对接、全箭总装……提起火箭总装，骆鑫生如数家珍。

2023年是骆鑫生从事航天事业的第12个年头，23发次火箭的总装测试工作、9发次火箭的发射场工作、3发火箭型号的首飞工作，骆鑫生用对“严慎细实”的执着为新一代运载火箭保驾护航，用对“后墙不倒”的坚守助力祖国的航天事业越走越远。

图27：骆鑫生正在工作

力保节点是铁律

“火箭发射的节点是绝对不能耽误的”，骆鑫生斩钉截铁地说。

“但是现在的情况就是咱们只有两个人，即使加上二组的三个人也远远不够，你要知道，平时这活儿可是30个人干的。”

2019年12月31日，骆鑫生结束为期三个月的长征五号遥三运载火箭试验队任务回到天津，仅借着元旦假期休息了一天，就又投入了长征五号B火箭的测试工作中。这一忙就到了1月23日，也就是腊月二十九，于他而言，忙碌已经成了习惯。

春节刚过，骆鑫生又整理行装回到了刚离开一个月的文昌航天发射场执行长征五号B火箭的试验队任务。当时正值新冠肺炎疫情严重肆虐时期，出行本就不易，再加上严格的隔离要求，骆鑫生所在的小组包括他在内竟然仅有2人能够上岗。但型号进度拖不得，卸船、卸车、产品自查、空箱装船……这些火箭入场前的工作必须分秒必争。

一向“无所不能”的骆鑫生此时也犯了难。此次到海南文昌发射场要执行的是长征五号B合练箭和遥一箭发射任务。合练箭虽然不执行最后的点火指令，但是必须按照正式发射的全部流程进行模拟演练，而遥一箭任务又是长征五号B火箭的型号首飞任务。

“你先统计一下船舱里有几个人，我现在就去发射场里面看看能不能找到帮手”，骆鑫生交代队友说。

话音未落，岸边就只留下了骆鑫生一跛一跛远去的身影。在长征五号遥三运载火箭试验队期间骆鑫生的脚就一直疼痛难忍，抽空去医院检查后，被诊断为骨质增生及筋膜炎，医生叮嘱他要多休息，少走动。可骆鑫生不是个“听话”的病人，刚出医院就把医嘱抛到了脑后，照样坚持天天加班，实在受不住了就吃药撑着。

船舱有3个人可以参与任务，但由于疫情防控，押船的人是不能下船的，只能在

船上帮忙。骆鑫生从正在发射场执行长征七号甲火箭任务的试验队中找了3个人，加上他们5个人，11人的工作量相当于平时的三倍。虽然知道任务艰难，但他们每个人都清楚必须想方设法在时间节点前高质量完成入场前的准备工作。

骆鑫生利用别人休息的时间细化每天的工作安排，在保证完成当天任务的同时还要兼顾安全和质量问题。产品出箱清点过程中，火箭产品的1:1备附件包装箱最重达380公斤，最轻的也有116公斤，骆鑫生带领队员们不知疲倦地抬、搬、扛，用叉车转运。过程中，大家的衣服都磨烂了。

骆鑫生更是备装、指挥、协调一肩挑，“哪里需要哪里搬”，船上船下、里里外外来回跑。一连加班十几天，他硬是咬紧牙关，忍着脚上的伤痛，完成了长征五号B合练箭、遥一箭的各项准备和检查工作。任务完成后，大家才发现骆鑫生的脚已经痛得不能走路了。

万无一失是底线

骆鑫生对工作的高标准离不开师父崔蕴的严格要求。被评为全国劳动模范的崔蕴是用生命热爱航天事业的，在业内被称为“拼命三郎”，教徒弟也是出了名的严格，正所谓严师出高徒。直至今日，骆鑫生犹记得师父崔蕴教导自己的画面。

一次，对接长征五号遥三运载火箭仪器舱时，由于人员操作不当，造成两个对接面存在较大缝隙，骆鑫生见状随口说道：“这没关系，到时候一拉就能拉合了。”

崔蕴在现场听到后当场训斥，“这种态度是对工作不负责、对产品不负责，产品仪器舱是铝材，但是另一面吊装环是钢材，如果靠拉合减小缝隙很可能造成仪器舱超过抗压强度出现变形甚至产生裂缝”。

骆鑫生当时就心服口服，“师父说得确实有道理”。后来在其他地方也确实出现了同样的质量问题。这又给骆鑫生敲响了警钟。

但如何保证每个人操作都万无一失呢？有了这次教训，骆鑫生就萌发了梳理靶场操作流程的想法，形成精细化操作细则，规范人员操作，这一想法得到了领导的大力支持。

“咱们以工步为单位梳理吧，既然要做，就要做的最全面，最细致。”

靶场操作包含了五大模块，每个模块少说也有二三百个工步，骆鑫生提出以工步为单位梳理时大家都被这庞大的工作量吓退了。

“只有以工步为单位，咱们才能使操作者清楚地了解每一步，确保每一步操作都没问题，才能确保火箭发射万无一失。”虽然心中有些许犹豫，但是大家不得不承认骆鑫生是对的。

方案敲定了，说干就干，骆鑫生带领几名组员利用休息时间用时一个半月编写了记录有1700多个工步的《精细化操作细则》，内容精细到大小销子的安装顺序、螺钉螺母的安装方法，甚至是先用左手操作还是先用右手操作。

第一版《细则》是纯文字版本，而且是以全面细致为基本要求的，骆鑫生反复翻看，总感觉不够满意。“咱们这本《细则》内容太多，一般人可是看不进去呀。”这句话点醒了骆鑫生，“看不进去”确实是这本《细则》最大的问题。

“咱们需要把内容精简一些。”

确实如此，精简肯定是必要的，但骆鑫生总感觉缺点儿什么，经过几天反复琢磨，骆鑫生在翻看资料时猛然想到，这本《细则》只有文字，没有图片，图片可以更直观地展现出产品的状态，而且也更形象。

在骆鑫生的带领下，他们对应精细化文件精简了《细则》的工步，只保留了关键性操作，与此同时，他们把正确操作下的产品状态图附到对应工步旁边，形成了第二版《细则》。并更名为《靶场精细化操作图册》。

如今，骆鑫生还在带领团队不断完善这本《图册》，根据实际操作修改内容，更新不清楚和要素不全的图片，力求精准规范。现在学习参考这本《图册》已经成了试验队员的必修课，实践证明，《图册》的编写应用正是对“做事有依据、做事按依据、做事留记录”的真切诠释，有效提升了靶场工作效率，保证了产品指令。

《图册》的编写是骆鑫生为确保发射万无一失的措施之一，这条路，骆鑫生将持之以恒地走下去。

用骆鑫生的话说，历史的接力棒已经交到了新时代航天人的手中，我们也要以老一辈航天人为榜样，踔厉奋发，笃行不怠，用青春的力量助力祖国的航天事业迈向更广袤的浩瀚太空。

（二）发扬“特别能攻关”精神，提高开拓创新能力

高职教育是我国首创的教育类型。伴随改革开放后经济转型升级，高职教育从无到有、从小到大、从弱到强，已经站在新的历史起点上。“在全面建设社会主义现代化国家新征程中，职业教育前途广阔、大有可为。”2021 年 4 月，习近平总书记对职业教育工作作出重要指示，强调要推动职普融通，增强职业教育适应性，加快构建现代职业教育体系，培养更多高素质技术技能人才、能工巧匠、大国工匠。载人航天精神中的“特别能攻关”精神内涵丰富，其蕴含的开拓创新、攻坚克难精神能够助力大学生成长成才。

1. 发扬攻坚克难精神

载人航天工程是中国航天领域迄今规模最庞大、系统最复杂、技术难度大、质量可靠性安全性要求最高和极具风险性的一项重点工程。这项空前复杂的工程在比较短的时间里不断取得历史性突破，一个极其重要的原因在于中国航天人敢于攻坚克难。

（1）在攻坚克难中稳步前进

在“东方红一号”卫星上天 80 天后，国防科委的一份秘密报告送到了周恩来等中央领导人的办公桌上。报告中明确提出：立即着手载人飞船的研制工作，并开始选拔、训练航天员。毛泽东在这份文件上画圈，表示同意。至此，这次中国载人航天工程被命名为“714 工程”。钱学森作为载人航天的技术主帅，开始全面推进各个系

统的研制工作。

但在那个特殊的年代，薄弱的综合国力让"曙光一号"研制工程举步维艰。根据实际情况，毛泽东、周恩来决定，暂停"714工程"，先把地球上的事情搞好。钱学森在高层会议中了解到国民经济总体情况和诸多困难时，便对身边的工作人员说，搞卫星、飞船要考虑国民经济总的形势，看来飞船要放慢一些，先搞一些技术储备。

身为航天技术主帅的钱学森，正是在这一时期，为后来中国载人航天事业的再次起飞，构筑起完整的前瞻性布局：亚洲最大的风洞群、远洋测量系统、遍布全国的测控网，中国航天事业按照钱学森的构想一步步向前迈进。

1986年3月，著名科学家王大珩、王淦昌、杨家墀和陈芳允四位中科院院士联名向中共中央提出了"关于跟踪世界战略性高技术发展"的建议，邓小平同志为此特别指示："此事宜速作决断，不可拖延。"这个建议被提交中央政治局讨论。由于这个计划的提出和邓小平的批示都是在1986年3月，所以这个计划被命名为"863计划"。

"863计划"的实施，使我国载人航天研究重新列入了国家重点发展计划，100亿经费中有40亿用在航天领域的项目上①。航天技术领域是"863计划"中的第二个重要的高技术领域（简称为863-2），主题项目之一为大型运载火箭和天地往返运输系统主题（简称204主题项目），主要研制能发射小型空间站的大型运载火箭和研究发展天地往返运输系统。主题项目之二为空间站系统及其应用主题（简称205主题项目），主要研究发展规模较小、性能先进、模块式的空间站系统，并进行空间科学与技术研究，实现载人空间飞行。"863计划"是中国载人航天事业的起跑线。经过几十年艰难而辉煌的创业历程，我国的载人航天事业取得了辉煌的成就。

中国载人航天工程于1992年9月21日由中国政府批准实施，代号"921工程"，是中国空间科学实验的重大战略工程之一。

1992年9月21日，中央政治局常委会批准我国载人航天工程按"三步走"发展战略实施。第一步，发射载人飞船；第二步，突破航天员出舱活动技术、空间飞行器交会对接技术以及发射空间实验室；第三步，建造空间站。

从1999年11月20日发射"神舟一号"到2002年12月30日发射"神舟四号"，我国陆续发射了4艘神舟无人飞船，全面验证测试了各项技术，为载人上天做好了充足的准备。2003年秋，神舟五号飞船载着中国第一位太空人杨利伟飞上太空，让中国成为继苏、美后，第三个将人类送上太空的国家。2005年10月，神舟六号搭载两名航天员首次成功进行多人多天太空飞行试验，标志着中国载人航天工程"三步走"发展战略"第一步"收官。

2008年9月，神舟七号飞天圆满成功，中国掌握了航天员空间出舱活动关键技术，开启了"三步走"发展战略"第二步"征程。2011年11月、2012年6月，神舟八号、神舟九号先后飞天，分别完成了与天宫一号目标飞行器进行无人空间

① 兰宁远.万人会战——中国921(三)[J].神剑，2019(3)：4-38.

交会对接和载人空间交会对接，中国由此突破和掌握了自动和手动控制交会对接技术。2013年6月，神舟十号升空实现与天宫一号对接并对其进行短暂的有人照管试验。2016年九、十月间，中国首个真正意义上的空间实验室天宫二号和神舟十一号接连发射升空，之后结成组合体进行了长达30天的载人飞行，中国由此突破了航天员中期在轨驻留技术。2017年实施的天舟一号任务使中国掌握了推进剂在轨补加技术。至此，中国载人航天工程“三步走”发展战略“第二步”宣告完成。

2020年5月5日长征五号B首飞成功，验证了火箭总体方案、各分系统方案的正确性、协调性，突破了大尺寸整流罩分离技术、大直径舱箭连接分离技术、大推力直接入轨偏差精确控制技术等一批新技术，为后续空间站核心舱、实验舱发射奠定了坚实基础。

从2021年4月29日天和核心舱发射圆满成功开始，中国载人航天在20个月内密集实施11次发射、3次飞船返回、2次舱段转位、7次航天员出舱任务，4个飞行乘组12名航天员接续在轨驻留，航天员乘组首次完成在轨轮换，突破掌握航天员长期在轨驻留、空间站组装建造、再生式环控生保等8项关键技术，如期建成空间站。整个过程稳扎稳打、连战连捷，创造了世界航天史上空间站组装建造最快纪录。

1992年9月21日，中国载人航天工程正式立项实施，2022年12月31日，中国国家主席习近平在新年贺词中宣布，“中国空间站全面建成”。从一人一天飞行到三人半年飞行，从舱内实验到出舱活动，从天宫一号到中国空间站，回望这条技术“闯关升级”之路，一个鲜明特点是稳扎稳打、稳中提速，前二十年扎实夯基垒石，后十年全力加速冲刺。三十年完成“三步走”，离不开对技术路线的正确选择。

中国载人航天工程的发展，也让我们看到了在高技术领域，要想取得优势，就必须迎难而上，自己走出来，冲出来，闯出来，除此以外并无他路可寻。

雄关漫道真如铁，而今迈步从头越。一个国家之所以能够走向繁荣富强，一个民族之所以能够取得辉煌成就，关键是在危难之际不退缩，艰难之时不放弃，苦难之刻不畏惧，坚忍不拔为国家未来、民族命运而不懈奋斗。发展从未止步，奋斗从未停歇。发展道路并非一马平川而常常是坎坷崎岖，并非一帆风顺而常常是山高水远，前进路上的奋斗者总是志向不移，能够在挫折中不断成长，总是事不避难，能够在困难中不断进取。

（2）在攻坚克难中塑造精品

回首中国载人航天事业发展历程，我们不难发现，中国载人航天一步步走向辉煌、一次次迈向新高度的发展道路，正是在科学发展道路上的伟大实践，正是在不断地攻坚克难中塑造精品。

从无人飞船到有人飞船，从一人一天到多人多天，从天地往返到太空行走再到交会对接，中国载人航天实现了一个又一个跨越。回首中国载人航天事业发展历程，不难发现，中国载人航天一步步走向辉煌、一次次迈向新高度的发展道路，正是在科学发展道路上的伟大实践，正是在不断地攻坚克难中塑造精品。

从1999年发射神舟一号，到2021年发射神舟十三号，一支“神箭”功不可

没——长征二号 F 系列火箭。中国火箭，统称“长征”系列。在载人航天工程立项之前，长征系列火箭主要用来发射卫星。长征二号 F 运载火箭（简称“长二 F”），是我国的第一枚载人火箭。2003 年 10 月 15 日，“长二 F”载着中华民族千年的飞天梦想，把中国第一位航天员杨利伟送入太空，中国由此成为第三个将人类送上太空的国家。作为“长征”系列家族里的“明星”火箭，“长二 F”至今保持着 100% 的发射成功率，无愧它的别名——中国“神箭”。为载人飞船发射和航天员的生命护航，“长二 F”火箭战无不胜的背后，凝聚着几代中国航天人的智慧与奉献。火箭人相信，“神箭”最“神”的地方莫过于高可靠性和高安全性，我们要用世界上最好的火箭送“神舟”上天，要用自己的双手，托起航天员的生命安全。

为了追求更高目标，打造更结实的“长二 F”火箭，我国载人火箭生产制造工艺优化从未停步。几十年来，广大航天人始终不放过任何一个改进点，向着更高目标不懈登攀，让每个时代的“长二 F”都焕发出不一样的“神箭”魅力。

1992 年，当中国载人航天工程正式启动的时候，尽管已经掌握了一系列火箭研制技术，但对于载人航天，如何确保航天员的绝对安全，却几乎是从零起步。研制人员不畏艰险，迎难而上，为了“载人航天这项不能失败的事业”真正万无一失，各级领导、型号两总系统，不仅要千方百计想办法，绞尽脑汁想点子，更要统筹兼顾精心谋划。

谋后而定，行且坚毅。型号研制工作是一个系统工程，必须依靠科学的管理方法对完成其所规定的每一项工作作出全面、系统的策划，避免产生遗漏。针对各阶段工作的重点和难点，把握全局，合理规划，为下一阶段研制工作顺利开展奠定基础。型号工作始终坚持科学严密的指挥调度，增强了工作的准确性和实效性，始终把质量作为工作的生命和主题，进一步构建了完善配套的管控体系和质量标准，反复强调发现问题是能力，记录问题是制度，正视问题是素质，解决问题是成绩，不放过任何一个细小问题，不漏过任何一个细小隐患，做到以质量促进度，以质量保成功，以质量求效益。

无数个日日夜夜，每当夜幕降临火箭总体设计部总是灯火通明，每个周末假期试验室里都有试验人员忙碌的身影。载人火箭设计要经历方案阶段、初样阶段和试样阶段上千次技术协调，各分系统累计几万小时的综合实验、系统试验、匹配试验才能真正进入发射场。载人火箭队伍秉承老一辈航天人“热爱祖国、无私奉献，自力更生、艰苦奋斗，大力协同、勇于登攀”的“两弹一星”精神，坚持“大局、系统、严谨、争先、包容”的精神，牺牲了大量的个人休息时间和与家人团聚的机会。设计人员始终牢记“铸造精品火箭”是长征二号 F 火箭研制队伍的工作目标；“质量第一，安全至上”是长征二号 F 火箭研制队伍的工作原则；“吃透技术、吃透状态、吃透规律”是长征二号 F 火箭研制队伍的工作要求；“最严、最慎、最细、最实”是长征二号 F 火箭研制队伍的工作标准。

2021 年 6 月 17 日，长征二号 F 遥十二运载火箭成功将载有 3 位航天员的神舟十二号飞船送入预定轨道，助力中华民族实现千年来在太空“安家”的梦想。4 个月后，长征二号 F 遥十三运载火箭再次出征，送神舟十三号航天员乘组入住“天和”。

20 多年来，长征二号 F 运载火箭全程参与了中国载人航天工程“三步走”发展战略的每一步，共执行 10 余次任务，但一年完成两次载人发射，在中国载人航天工程的历史上尚属首次，而这还只是个开始。

载人航天，人命关天；使命重大，责任如山。研制团队始终坚持质量是政治、质量是生命的质量意识，按照最高标准严把质量关，确保空间站工程载人发射任务圆满成功。为此，型号队伍提出了“五到位、五受控”质量工作原则和具体措施，围绕火箭设计生产测试全流程开展了一系列的质量控制措施。同时针对长征二号 F 运载火箭特点，开展了不可检测项目识别与控制、“四不到四到”检查确认、“六个百分之百”落实检查确认等 19 项质量专题工作，进一步加强质量管控。在此基础上，研制团队还专门针对载人任务采取了一系列特殊举措，在产品设计、物资选用、生产过程、产品验收、管理上全部加严再加严，为质量“加码”。

正是这支被称为“特别能吃苦，特别能战斗，特别能攻关，特别能奉献”的“神箭”队伍，通过坚持不懈、锲而不舍的奋斗，才实现了中华民族千年的飞天梦想，才实现了几代航天人的追求，实现了“以最严最细最慎最实”的工作标准。将中国首位航天员安全地送入太空，实现了一个梦想，兑现了一个承诺，谱写了一段历史。

（3）在攻坚克难中锤炼本领

我国载人航天工程在起步晚、基础弱、技术门槛高的情况下启动，仅用 20 多年就敲开了建设空间站的大门。这不仅是航天技术快速发展的成果，更依赖于一种强大的精神动力，那就是广大航天人在夜以继日地“攀高峰”“啃骨头”过程中铸就的“特别能吃苦、特别能战斗、特别能攻关、特别能奉献”的精神。从科研试验室到各生产企业，从大漠深处的航天发射场到浩瀚三大洋上的“远望号”测量船，到处留下了航天人艰苦创业的足迹。他们不计个人得失，不求名利地位，坚定地奋斗在各自岗位上，奉献了青春年华，奉献了聪明才智，奉献了热血汗水，有的甚至献出了宝贵的生命。他们用顽强的意志和杰出的智慧，将“一切为了祖国，一切为了成功”，写在了浩瀚无垠的太空中。

载人航天是一个高风险的行业，“零缺陷、零故障、零疑点”“严上加严、细上加细、慎之又慎、精益求精”“一丝不苟、分秒不差”……一个个看似极端的口号，反映的却是中国航天人严谨、求实的态度。

“归零”。这个由中国航天人在实践中独创的词汇，指从头查找问题，在每个环节中举一反三，以消除所有可能的隐患。在执行每一次的发射任务中，各系统、分系统、子系统一次次从头再来，一次次验证分析，确保了任务圆满完成。执行交会对接任务的对接机构有 118 个传感器、5 个控制器、上千个齿轮轴承、18 个电机和电磁拖动机构、数以万计的零件和紧固件。为了确保安全可靠，科研部门在对接机构“上天”之前，在地面上进行了 1 101 次对接试验、647 次分离试验。运载火箭系统总设计师荆木春说，正是这个“归零”原则以及其所体现的科学求实精神，让失误和失败不仅没有成为阻挡中国航天人前行的绊脚石，反而成为中国航天崛起的另一种动力。尊重科学、认真严谨、求真务实，这正是中国航天人所秉承的理念，也是中国载人航天一步步走向辉煌的强有力保证。

载人航天任务是凝聚、培养和造就新一代航天人才的重大事业，早在工程立项之初，党中央就明确提出要把培养一大批科技人才作为工程技术的一项重要战略任务，参加工程研制、生产和试验的各级组织直接把这次任务作为培养人才的重要平台，坚持用伟大的事业凝聚人才、用创新的机制培养人才、用崇高的精神激励人才。

作为跨世纪工程的载人航天工程一项重要的使命就是要培养一支跨世纪的年轻人才队伍。整个研制过程中，经过老同志耐心细致的传帮带和十几年实战经验的锤炼。如今，传承了先辈“特别能吃苦、特别能战斗、特别能攻关、特别能奉献”精神的一代年轻人，面对困难和挑战，牢记使命，淡泊名利，不计得失，甘于奉献，默默无闻地战斗在各自的岗位上，奉献青春年华，奉献聪明才智，奉献热血汗水，在各自的领域内发挥着骨干作用，是我国载人航天工程中一支能打硬仗的坚强的队伍。

2. 坚持开拓创新精神

环顾世界，提出过载人航天计划的国家不少，但几十年来，真正能够实现独立将人类送入太空的国家只有三个。如果说，载人航天是塔尖上的事业，那自主创新就是支撑中国航天人勇敢攀登的天梯。

(1)在开拓创新中铸就辉煌

长征二号F运载火箭是中国航天史上第1次用于载人航天的全新的运载火箭。火箭全长58.34米，起飞质量约480吨，运载能力为8吨左右，可以把飞船送入倾角为42度，近地点200公里、远地点350公里的近地轨道。

“用最可靠的火箭，将中国首位航天员安全顺利地送入太空”，这是运载火箭研制者们最庄严、最神圣的承诺。为了火箭的高可靠、高安全、高质量，火箭系统大胆地采用了55项新技术，特别是攻克了故障检测处理系统和逃逸系统两大载人航天难题。火箭飞行中随时都会出现故障，故障的种类多种多样。如何判断火箭故障，如同医生诊断病情一样，需要一系列的参数和判断逻辑。故障判断既不能漏，也不能误。漏判了，就无法保证航天员的安全，误判了，会使正常火箭发射失败，损失难以估量。美国和俄罗斯有数千发的飞行实验数据可借鉴，而我国飞行子样很少，不能立足于进行大量飞行实验，况且时间和财力也不允许。唯一的办法是自主创新，寻找一条新的设计途径。没有什么困难能阻挡中国人进军太空的步伐，民族的自尊、自强和自信使火箭设计师队伍坚定了一种信念：中国航天人要在世界面前为民族争气，我们自己一定能够研制出世界一流的载人火箭。设计人员对国内外火箭发生的故障进行了大量统计，并根据专业知识对火箭每一个系统、每一个产品进行分析，设想了310多种故障模式，并进行了一轮又一轮的筛选。用4年多的时间，进行了成千上万次的飞行仿真试验，竭尽全力攻克了道道难关，为航天员编织了一张可靠的救生网。

2003年10月，航天员杨利伟搭乘“神舟”五号升空时，曾在一个短暂的时间内感到非常不适。火箭研制人员在了解到这一情况后，立即分析数据查找原因。数据分析显示，火箭在上升期间曾出现过短暂的共振现象。为此研制人员对发射神舟六号飞船的火箭进行了改进。“神六”上的航天员没有产生特别的不适感，但技术人员通过对遥测数据的分析，发现火箭从起飞126秒开始还是出现了逐渐增大的纵向单频振动，频率约为8赫兹，如果这一问题不解决，“神七”上的航天员还有可能产生像杨利伟那样的感觉。研制人员对“8赫兹”问题进行了深入的理论研究，为抑制这一现象，开展了稳定性分析方法研究和振动抑制设计工作，使用了变能蓄压器来抑制振动的方案，提高了火箭飞行的“舒适性”。

长征二号F第六发火箭成功发射后，型号队伍在后续遥测结果分析时发现火箭飞行至415秒附近时出现异常现象，二级尾舱热环境参数出现较大幅度跳变或趋势转折，姿控系统、箭体轴向加速度以及动力系统等部分参数也在这一时段内出现了一定的变化。从掌握的数据看，这个细小的疑点对飞行影响并不算大，但研究人员并没有放过它，在做了大量检测后，发现制作二级增压管路的铝合金材料由于耐受不住高温而发生了轻微漏气。于是，他们用耐高温的不锈钢管材替代了铝合金。火箭是一个大系统，所谓“牵一发而动全身”，一个改动可能影响其他几个甚至十几个部件，每走一步都要慎之又慎。从“神一”到“神六”，火箭的表现近乎完美，对于这些“细枝末节”的改动，更要考虑周全，不改没问题，改了反而要担风险。确认415秒现象是由增压管路故障造成的，经过改进可以进一步提高火箭的可靠性。型号两总带领设计师队伍经过详细的设计方案讨论和大量试验验证后对火箭增压管路进行了更改。更改后长征二号F遥七火箭飞行中“415秒异常现象”没有再次出现。正是这种设计中不放过任何可疑问题的严谨态度和覆盖性全面的试验手段给了设计师们敢于大胆实施技术改进的信心和决心，谱写出了一曲航天人“特别能攻关”的壮歌，造就了令世人瞩目的“神箭”。

（2）在开拓创新中跨越发展

习近平总书记指出，建造空间站、建成国家太空实验室，是实现我国载人航天工程“三步走”战略的重要目标，是建设科技强国、航天强国的重要引领性工程。

2021年10月16日清晨，在酒泉卫星发射中心，长征二号F遥十三火箭将神舟十三号载人飞船精准送入预定轨道。神舟十三号载人飞船搭载3名航天员，与先期发射的天舟三号及天舟二号、天和核心舱组成的“一”字形组合体实施自主快速径向交会对接。

这是一次注定载入史册的载人航天任务。约1个月前，首批进驻空间站核心舱的神舟十二号任务航天员圆满结束了为期90天的太空之旅，顺利返回地球。18年前，也是在10月16日，首飞航天员杨利伟乘坐神舟五号飞船环绕地球飞行14圈后返回，完成中国人首次飞天壮举。更为巧合的是，神舟十二号发射的日子，是我国首颗氢弹爆炸成功纪念日。而神舟十三号发射的10月16日，这一天是我国首颗原子弹爆炸成功纪念日。自主创新让中国载人航天事业实现跨越发展。

神舟十三号载人飞船搭载的3名航天员进驻空间站后，将分别开启天舟二号和天舟三号货运飞船舱门，进一步开展再生生保、在轨维修等技术验证和应用，转移物资和废弃物，视情进行出舱活动。驻留期间，航天员还择机利用天舟二号进行机械臂转位验证试验。航天员驻留180天后返回地面，任务结束后全系统完成评估，转入空间站建造阶段。

神舟十三号载人飞船将实现多个首次，即首次与三舱组合体自主快速径向交会对接，首次长期在轨停靠6个月，实现4个载人航天器形成组合体长期在轨飞行，首次具备天地结合多重保证的应急救援能力。载人飞船兼货运飞船系统副总指挥顾侧峰介绍，中国航天科技集团八院承担神舟十三号的电源分系统、对接机构分系统、推进舱结构与总装、测控通信子系统、总体电路分系统推进舱电缆网及三舱配电器。

神舟十三号将首次与49吨级的空间站组合体自主快速径向交会对接。神舟八号以来5艘飞船与目标都是轴向对接，而径向与轴向的夹角成90度。就在2021年9月17日，神舟十二号顺利返回东风主着陆场，聂海胜、刘伯明、汤洪波3名航天员安全返回，标志着神舟十二号载人飞船飞行任务圆满完成。神舟十二号返回前在轨飞行期间，开展了绕飞和径向交会的试验，验证神舟十三号载人飞船径向交会对接技术。

在发射神舟十三号前，天舟二号和天舟三号货运飞船分别停靠核心舱的前向端口和后向端口。这样的布局是为了满足神舟十三号径向交会对接时的组合体姿态控制要求，对接机构也将面临前所未有的对接偏心长度变大的可能。为此，805所对接机构分系统通过全面分析对接工况，在增加可控阻尼器的基础上，配合总体完成任务规划，并开展了31个工况的捕获缓冲试验，仅单项极偏差工况就达到24次。可有效消除对接机构与多构型、变吨位、大偏心对接目标的捕获、缓冲、连接适应性风险，确保载人飞船与空间站组合体径向稳妥可靠对接。

神舟十三号还将首次在轨飞行6个月，其间首次实现4个航天器组合体在轨飞行。中国航天员将创纪录地长期照料空间站，并在天宫里过新年。而航天员翟志刚、王亚平、叶光富也将刷新聂海胜等人创造的110天的在轨飞行纪录，创造新的中国高度。

从神舟八号改进型飞船至神舟十一号应用型飞船，中国载人航天工程历经空间交会对接任务、空间实验室任务的考验，而今，已经打造出适应空间站任务的应用型标准飞船。

在不断创造纪录的过程中，为人所知的是众多改进项目的冰山一角。能源管理、信息管理两个系统都进行了大幅度的能力提升。尤其是神舟十三号将在径向对接口停靠，帆板将长期被空间站大型柔性太阳能电池翼和大柱段舱体遮挡，导致载人飞船在光照区供电能力受到影响，需要空间站为飞船并网供电。为了满足长期停靠的要求，最大并网供电能力须达到1 400瓦，轨道舱配电器须进行多项适应性更改。在极其有限的设备空间里，八院805所的设计师对内部器件安装位置及安装方式均进行了大范围调整，并通过鉴定级力学试验、热学试验、电磁兼容试验，验证产品的可靠性和安全性。在神舟十二号执行飞行任务期间，还开展了空间站并网供电试验，证明未来神舟十三号将可通过这条并网专线获取需要的电能。804所测控与通信子系统对视频话音、遥控遥测、空空通信链路进行了全面分析与复核，确保飞船在双目标测控区内，可以独立与地面进行遥测信息传输，这是载人飞船的一条特有的信息传输带。

（3）在开拓创新中砥砺前行

中国航天人的奋斗史，就是在党中央正确领导下自力更生、克服一个又一个困难的坎坷历程。在一代代航天人的努力下，经过几十年的艰苦奋斗，中国航天创新发展，取得了举世瞩目的成就。回望中国航天事业，航天人白手起家，从零开始，在开拓创新中砥砺前行。

创新是一个国家、一个民族发展进步的不竭动力。党的十九届六中全会通过的《中共中央关于党的百年奋斗重大成就和历史经验的决议》将“坚持开拓创新”概括为党百年奋斗的十条历史经验之一，为全党在新时代进一步自信自强、守正创新提供了科学指引。

习近平总书记指出：“以数千年大历史观之，变革和开放总体上是中国的历史常态。”中华民族是富有开拓创新精神的伟大民族，开拓创新精神是中华民族的鲜明禀赋。从“日新之谓盛德”到“创新是一个民族进步的灵魂”，从“苟日新，日日新，又日新”到“惟创新者进，惟创新者强，惟创新者胜”，开拓创新精神让一个具有五千多年历史的文明古国生生不息、生机勃勃，让近代以来久经磨难的中华民族浴火重生、迎来了伟大复兴的光明前景。

中国共产党是富有开拓创新精神的伟大政党，开拓创新精神是我们党开辟伟大道路、创造伟大事业、取得伟大成就的重要精神密码。我们党的百年历史，既是不懈奋斗史，也是开拓创新史。在实现中华民族伟大复兴的历史进程中，我们党带领中国人民始终坚持创新思维、推进创新实践、推动创新发展。比如，中国有自己的具体实际，不可能通过首先占领中心城市来取得全国革命的胜利。以毛泽东同志为主要代表的中国共产党人，坚持把马克思主义基本原理同中国革命具体实际相结合，开辟了农村包围城市、武装夺取政权的新民主主义革命道路，使中国革命的面貌焕然一新。

不论革命、建设还是改革，我们党都坚持一切从实际出发，敢于突破条条框框和既有模式，不断探索新路、开拓新局。比如，从传统的计划经济体制到社会主义市场经济体制，从市场在资源配置中起基础性作用到市场在资源配置中起决定性作用、更好发挥政府作用，一系列新探索新实践，既确保了国民经济命脉牢牢掌握在党和人民手中，也极大解放和发展了社会生产力。一百年来，我们党在准确把握时代主题、洞察时代发展大势、掌握人类社会发展规律的基础上，以敢为人先的勇气和胆识，勇于变革、勇于创新，永不僵化、永不停滞，始终保持旺盛生机活力，团结带领中国人民创造了举世瞩目的伟大成就。

开拓创新是一种鲜明的政治品格，也是共产党人应有的责任担当。党的十八大以来，改革进入攻坚期和深水区，以习近平同志为核心的党中央以巨大政治勇气推进全面深化改革，革除制约和束缚发展的深层次弊端，在重要领域和关键环节取得决定性成果，激发了发展动力，释放了发展活力。面对前进道路上层出不

穷的新情况新问题，我们党领导人民披荆斩棘、上下求索、奋力开拓、锐意进取，不断推进理论创新、实践创新、制度创新、文化创新以及其他各方面创新，不断通过革故鼎新开辟未来，把党和人民事业推向前进，走出了前人没有走出的路。保持开拓创新的姿态，坚定革故鼎新的意志，展示锐意创新的勇气、敢为人先的锐气、蓬勃向上的朝气，我们就一定能继续在人类的伟大时间历史中创造中华民族的伟大历史时间。

我国航天事业从无到有、从弱到强，取得了举世瞩目的成就。正是因为有了这些创新人才和他们蕴含的创新精神，创新发展才能持续获得不竭动力。通过不断的自主创新，一系列关键核心技术被攻破，一项项创新成果应运而生。创新发力，托举着中国航天梦照进现实。载人航天精神中的特别能攻关精神充分展示了攻坚克难、开拓创新的价值取向，体现了以爱国主义为核心的民族精神，契合社会主义核心价值观，是强而有力的精神力量，同时也是引导、激励当代大学生努力奋斗，顽强拼搏的动力源泉。

3. 点滴铸就新辉煌："特别能攻关"精神指引成长成才

习近平总书记强调，"越是伟大的事业，越是充满挑战，越需要知重负重。"一代代中国航天人发扬"特别能攻关"精神，经过了接续奋斗和努力攻关，取得了一次又一次成功，展现了中国载人航天的卓越成就。新时代新征程上，我们要继续发扬"特别能攻关 "精神，以拼搏进取、勇于攀登、斗志昂扬的精神面貌，坚持自立自强、探索创新，点滴铸就新辉煌。

（1）"特别能攻关"精神激励我们团结协作

50 多年前，我国成功发射第一颗人造地球卫星"东方红一号"，为保证通信线路畅通，约 60 万人民出动为航天看护通信线。50 多年后，飞船返回搜救活动，在核心搜救区之外的区域、应急救援弹道下方，驻地政府和人民全民参战、全方位支援。可以说，航天事业的每一次进步，都凝聚着全国人民的一份支援。团结协作，让航天事业一路高歌；团结协作，成就了航天事业大联合、大发展。团结协作就是无穷的力量。航天事业发展中的每一次巨大成功、每一次历史性突破，靠的就是全国大协作所产生的伟大力量。单丝不成线，尤其是在科研难题面前，无论团队内部还是各个单位部门之间，只有拧成一股绳、通力配合，才能不断攻坚克难、实现突破。

（2）"特别能攻关"精神激励我们自立自强

习近平总书记指出："伟大事业都基于创新。"中国载人航天事业之所以取得成功，根本原因就在于始终坚持走独立自主、自力更生的发展道路。当今世界，核心技术、高端科技已经成为"国之利器"，谁能下好科技创新"先手棋"，谁就能赢得长远发展的巨大优势。党的二十大报告提出，必须坚持"创新是第一动力"，"坚持创新在我国现代化建设全局中的核心地位"。这是我们党科学统筹中华民族伟大复兴的战略全局和世界百年未有之大变局，着眼长远作出的重大战略决策。我们要学习航天人"特别能攻关"的进取精神，深刻把握世界科技发展大势，坚持科技自立自强，努力突破"卡脖子"技术，为建设科技强国贡献力量。

（3）“特别能攻关”精神激励我们脚踏实地

习近平总书记指出：“伟大事业都成于实干。”中国载人航天事业的成功，不是靠空喊口号喊出来的，而是靠一代代航天人的汗水和泪水换回来的，是靠全国100多个行业、3 000多个单位、几十万科技大军风餐露宿、废寝忘食、一步一个脚印走出来的。实干兴邦、实干创造业绩，这是载人航天事业留给我们的宝贵经验。作为新时代大学生，我们应当自觉在载人航天精神中汲取奋进的力量，发扬追梦精神，志存高远，把小我融入大我，耐得住寂寞、守得住清冷、看得淡名利，挺起脊梁、昂扬斗志，在劈波斩浪中开拓前进，在攻坚克难中创造业绩，不负韶华，不负时代，不负人民，在青春的赛道上奋力奔跑，跑出当代青年的最好成绩。

五、我以我血荐轩辕——“特别能奉献”精神培养

我国载人航天工作者是一群仰望星空、逐梦星辰大海的人，更是一群默默奉献、脚踏实地的人。他们坚信空谈误国、实干兴邦，深信且践行伟大的梦想一定会变为现实。在艰苦奋斗、无私奉献的过程中，凝聚形成了载人航天精神，因此特别能奉献精神是载人航天精神品质中非常重要的特质，经过几代载人航天人的艰辛付出和默默奉献，我国载人航天事业在取得无比辉煌成就的同时，特别能奉献也成为载人航天人永不磨灭的精神标识。载人航天精神中的无私奉献精神源于伟大的载人航天实践，由载人航天事业的性质决定：载人航天人的特别能奉献体现在其热爱祖国、以国为重、献身航天的家国情怀；乐观积极、迎难而上、默默坚守的乐观主义精神；青春热血、甘愿奉献、无悔付出的人生追求。他们的故事发生在荒无人烟的壁滩荒漠、人迹罕至的荒山野岭，几十年来，一代又一代载人航天人在科研生产、技术创新等实践中不追名逐利、不计个人得失，呕心沥血、鞠躬尽瘁铸就了引领载人航天人接续奋斗、登攀超越的精神支柱；他们“死在戈壁滩，埋在青山头”，是当之无愧“干惊天动地事，做隐姓埋名人”的英雄。在伟大载人航天实践中，特别能奉献精神成为创造举世瞩目载人航天事业辉煌成就、凝聚磅礴伟力的源泉，这种精神万年不倒、永放光芒。“献了青春献终身，献了终身献子孙”，作为新时代的高职学生要继承这一精神支柱、力量源泉，结合实际对他们主要从牢固树立家国情怀、发扬乐观主义精神两个方面进行引领引导，培养学生的家国情怀、乐观精神，用特别能奉献精神加强自身思想建设、精神建设，不断提高自身素质和能力，为实现中华民族伟大复兴的中国梦贡献青春力量。

（一）“特别能奉献”的内涵及典型人物事迹分析

“特别能奉献”的载人航天精神，是由航天人秉持的精忠报国理想信念铸就而成的。载人航天是用生命去探险、用躯体去铺路的神圣事业。从人类探索太空的历史来看，航天员从选择这份使命那一刻开始，就始终与巨大风险、考验为伴。“干惊天动地事、做隐姓埋名人”是航天工作者的真实写照。我国载人航天事业的辉煌成就，凝聚着我国几代航天人的艰辛和奉献。他们不计个人得失，不求名利

地位。

载人航天，人命关天。航天员是载人航天的先锋，从接受这份神圣使命的那一刻起，他们就注定要时刻与风险和考验为伴。除了付出时间和精力，还要随时准备奉献出宝贵的生命。在航天人心中，祖国的分量最重、人民的利益最大。为了报效祖国、成就航天事业，他们将“特别能奉献”的载人航天精神深深镌刻进理想信念中。

2003 年 2 月 1 日，正值中国航天员大队选拔首飞梯队的关键时刻，美国“哥伦比亚”号航天飞机在重返地面过程中突然解体，7 名宇航员全部罹难。当时，大家都为中国航天员的心理承受能力感到担心，但令人意想不到的是，第二天，航天员大队党支部收到了全部参训的 14 名备选宇航员递交的请战书，他们表达了一个共同心声：“再大的风险也动摇不了我们征服太空的决心。”一致要求争当首飞第一人。最后，杨利伟脱颖而出，于 2003 年 10 月 15 日英勇出征，在神舟五号飞船上他经历了“惊魂 26 秒”的生死考验。

2008 年 9 月 25 日，翟志刚、刘伯明、景海鹏搭乘神舟七号飞船成功飞天。9 月 27 日，翟志刚打开飞船舱门，在太空迈出中国人的第一步。突然，轨道舱里响起急促的警报：“轨道舱火灾！”在地面飞控大厅，工作人员听到航天员们的如下对话——刘伯明：“坚持，反正任务我们继续。”翟志刚：“明白。”刘伯明：“着火我们也来不及了，不管了。”翟志刚：“成！”后经确认，这是一次有惊无险的误报。返回后，3 名航天员道出当时的想法：“如果回不来了，就把这舞动国旗的画面，作为我们的永别吧！”在“感动中国”颁奖晚会上，主持人直率地问景海鹏：“你们在执行载人航天飞行任务时，有没有想过有可能回不来？”景海鹏回答：“对于我们航天员来说，使命重于生命。我们即使回不来，也要让五星红旗在太空高高飘扬！”正是由于在航天人心中祖国的分量最重、人民的利益最大，他们才能始终以报效祖国、成就航天事业为最高荣誉，中国的载人航天之路，才能铸就辉煌、创造奇迹。

在载人航天事业发展过程中，不仅航天员身上体现了无私奉献精神，每一位载人航天工作者都是奉献青春、挥洒汗水的英雄，他们守住清贫、甘于寂寞、默默无闻，他们以苦为乐，无怨无悔，为航天事业奉献了青春年华和聪明才智，有的甚至献出了宝贵生命，书写了许多可歌可泣的感人事迹。在酒泉卫星发射中心东风革命烈士陵园，从元帅、将军到普通官兵、科技工作者，760 多名为祖国航天事业献出生命的烈士在这里长眠，平均年龄不足 27 岁。他们用无怨无悔的坚守和付出，在平凡的岗位上书写了不平凡的人生华章。没有奉献精神，我国的载人航天事业不可能取得今天的辉煌成就。

“两弹一星”功勋奖章获得者屠守锷说过：“我们那一代人都是这样，并不计较个人得失，不是为某个人的目标，而是心甘情愿默默无闻地干自己的工作。”“我们白天做晚上做，星期天星期六也做，过年过节也做。”回望过去的艰苦岁月，神舟飞船首任总设计师戚发轫这样说。轻描淡写的背后，却凝聚着众多科研人员的满腔热忱和无私奉献！

【知识拓展】 贺鹏举：航天事业是最大的平台[①]

发射测试站高级工程师贺鹏举被评为2021年酒泉卫星发射中心十大科技标兵，来到大漠戈壁已经工作了20来年。他说道："戈壁滩可能不是个人的最好选择，但是既然来了，就要珍惜这个平台，利用好这个平台，通过自己的努力，把这个地方建设得更好。中心这个平台，航天这个事业，在我看来，大有可为。很多事情，可能开始很难，但是持之以恒地做下去，肯定会出成绩、有收获。"

在刚参加工作的时候，我们往往会陷入专业不对口、发展预期达不到个人期望、家庭面临各种困难等困境。此时，有的人开始游戏度日，荒废生命；有的人性格开朗，待人真诚，喜欢学习思考。作为新入职人员，要能够尽快适应环境，能够融入集体、融入生活，培养自己的业余兴趣爱好，让枯燥的生活充满乐趣，同时也要提高交际能力，一方面丰富自己的生活，另一方面，从工作经验来说，工作协作面广，需要一定的沟通表达和独立思考解决问题的能力。

北海虽赊，扶摇可接，东隅已逝，桑榆非晚。已经42岁的贺鹏举时常感慨，很多知识都没有来得及学习，人已过了不惑之年。回望过去，三年、五年过得很快，希望大家能够收获知识、收获家庭、收获朋友、收获健康，能够在为党和国家的航天事业多做贡献中收获身心愉悦，个人事业能够快速平稳发展。

在边学边干中修正方向、打牢技术桩。操前曲而后晓声，观千剑而后识器。准确的判断源于丰富的阅历。就拿从事的工作来说，它是一个庞大复杂的系统工程，从2001年开始，我国航天发射设任务高密度执行，那时候新技术快速应用带来的故障多发，使他经历了上百次的故障排查、分析和定位，这里面有丰富的技术原理、排故方法、处理流程、经验总结，这都是科技工作者用血和泪的教训换来的宝贵财富。只有学术扎实、经历丰富，才能打牢基础、把准方向。

贺鹏举谈道："永远以乐观实干的精神面对困难。任何事物都有两面性，要善于发现事物积极的一面，明白得与失的道理，不患一时之得失。在工作、生活中，遇到困难时，首先，希望大家能够坦然面对、泰然处之，毕竟前进的路上不可能一帆风顺。其次，希望大家能够提高自身本领，以实干的态度解决问题、克服困难。再次，希望大家能够学会依靠组织，解决困难，我们的背后是强大的组织，要相信党和各级组织是我们最强大和最可以依赖的后盾。最后，要有技术求真精神，在精准计算和正确评估的基础上，要敢于挑战、敢于质疑、敢于较真、敢于碰硬。"

学习历史，珍惜当下。不学习历史，就体会不到落后就要挨打的痛楚，就体会不到前辈们在戈壁大漠建起这座美丽航天城坚定的信念和经历的艰辛，就体会不到一代代东风航天人坚守与奉献的精神。我们这代年轻人要牢记责任、听党指挥，凝神聚力、有所作为，以实际行动传承历史、书写历史。

肩负航天强国的特殊使命，坚定政治信念、站稳政治立场，不忘初心，砥砺前行。继续秉承老一辈创业者的豪情斗志，用优良传统励志前行，在实践探索中积累，切实

① 贺鹏举."人才之星话成长"系列报道(七)贺鹏举：航天事业是最大的平台[EB/OL].[2021-11-15].https://mp.weixin.qq.com/s/OiE0YUg_quspsZ7f3Hvkyw.

扛起争当科技英才的使命担当，主动作为，自主创新，努力把自己锻造成高素质专业技术人才和高技能人才，为航天事业作出更大贡献！

【知识拓展】 谷振丰：坚守初心 逐梦航天①

“你为什么要到这里来？后悔过吗？”

这是东风的同志经常会问的一个问题。谷振丰也不例外。东风人是为了一个共同的梦想相聚于此，这个梦想就是航天梦。

2003年10月，神舟五号载人飞船从酒泉卫星发射中心成功发射，我国首位航天员杨利伟成功飞天，圆了中华民族几千年的飞天梦，也在谷振丰心里埋下了航天梦的种子。

2005年，就在谷振丰决定毕业去向时，神舟六号载人飞船从酒泉卫星发射中心将两名航天员送入太空，实现了多人多天飞行，这再次吸引了他，也更加坚定了他投身航天的信念。于是，在学校老师的推荐下，谷振丰选择到酒泉卫星发射中心工作，并得到了中心领导对他继续攻读直博的支持。

博士毕业前，谷振丰有幸受到来清华考察的习主席的接见，他向习主席汇报了自己毕业后要回到酒泉卫星发射中心工作的想法，得到了习主席的鼓励。博士毕业后，谷振丰再次回到中心，坚决申请到发射一线去，到最前端的岗位去。于是，谷振丰就到了发射测试站，从火箭测试操作手做起，给火箭安装仪器、连接插头、记录数据，向老骨干、老师傅学习，抓紧时间看资料、跑图纸，很充实也很开心。在神舟十号任务时，谷振丰就承担了火箭控制系统20台单机的测试工作，为任务成功贡献了绵薄之力。当火箭点火起飞时，当飞船顺利入轨时，当航天员成功进入太空时，谷振丰感到无比的欣慰和自豪。

此后，新型固体火箭要在中心实施发射，谷振丰和几位年轻同志受命担任系统指挥，下厂跟学、精编文书、精心指挥、精细操作，最终实现了新型号火箭的首飞成功。新的发射团队组建，谷振丰受命担任负责人，带领队伍实现了首战首胜、连战连捷，并培养了一批骨干人才。在单位领导推荐下，谷振丰参加了国际空间大学暑期培训，得以在国际平台上开阔视野、提升能力。

就这样，谷振丰在参加了近百次发射任务中，得到了很大的锻炼，也收获了“最美航天人”“优秀共产党员”等荣誉称号。同时，谷振丰和他的团队先后完成了5项课题研究，申请了10多项专利，发表了20余篇科技论文，研究成果直接用于单位的建设和发展。

他很庆幸，赶上了祖国航天事业大发展的新时代，能在这个广阔舞台上施展才华、实现人生抱负，能够作出一点成绩、取得一些进步。他很感激，一路上有组织的关怀和培养，有各级领导的关心和指导，有同事们的支持和帮助。中心“双一流”建设的宏伟蓝图已经展开，谷振丰将以更加奋进的姿态，在建设航天强国的征程中贡献自己的力量！

① 谷振丰.“人才之星话成长”谷振丰：坚守初心 逐梦航天[EB/OL]. [2021-11-8].https://mp.weixin.qq.com/s/v842 d--923CjvKGGlX8mWw.

【知识拓展】张健：只争朝夕，不负韶华，勇做航天事业登攀者[①]

张健，出生于一个退伍军人家庭，受家庭环境的熏陶，从小就勤奋好学，而且骨子里也有股不服输的劲头。

在党的沐浴下，张健顺利成长为国内著名大学的一名博士生，攻读“空间动力先进陶瓷材料”方向。从选择研究课题时的茫然若失，到实验探索的屡败屡战，再到突破桎梏的万分欣喜转眼间，他走完了艰辛坎坷的求学之路。毕业分配悄然而至，张健来到了酒泉卫星发射中心。面对与自己博士所学专业关系不大的航天测发领域，他有些失落。同学们也劝他调到大城市研究所工作，一展所学。但是张健经过短暂的心态调整后，选择了积极面对。尤其是，看到近年来，国家航天事业蓬勃发展，并取得了举世瞩目的骄人业绩，让张健更加坚定了留下来的决心。酒泉卫星发射中心是我国的航天功勋发射场，在这片热土上，一定能够大有作为。

青春由磨砺而出彩，人生因奋斗而升华。面对完全陌生的火箭测发领域，张健决心从零开始。学习钻研虽然枯燥，但他通过整合、融会贯通而不觉空洞，每有领悟便欣然雀跃，常常学习工作至深夜而不知所觉。就这样，经历数月持之以恒的学习，张健弄懂了控制系统所有电路图原理、信号、流向、功能，并梳理提炼出100多页专业笔记，填补了学习资料的空白，他的笔记还被室领导作为宝贵的学习资料，下发传阅学习。

2021年1月，新的一体化测发控系统将投入使用。入职仅一年的他，被组织任命为新型地面测发控系统试验鉴定负责人和天绘一号04星发射任务的火箭电气系统指挥。新设备需要重新安装和调试，新技术状态需要从头学习掌握，工作量非常大，标准要求非常高。张健深感责任重大、任务艰巨。为了让新设备更好地运用于实战中，张健把前期的准备工作做得细之又细，新编测试操作规程、应急处置预案、组织安装设备、敷设电缆、调试设备，撰写图纸原理看图说明、编写新设备训练教材，他尽可能地去完善自己所能想到的一切细节。为了提高测发团队的学习效率，张健梳理出新设备的注意事项和知识要点，包括了100余根电缆的走向和信号定义、数百个继电器的功能索引和逻辑关系。实践证明，这些资料是具有很强实用价值的训练素材。

终于，功夫不负有心人，2021年6月至7月，张健带领的测发团队，实现了新应用一体化测发控系统零故障参试，天绘一号04星发射任务过程、结果双圆满。

工作之余，张健利用自己博士专业特长，结合岗位工作，在一年时间内就以第一作者兼通讯作者的身份，在 *Ceramics International*、*Journal of Crystal Growth* 等SCI期刊发表3篇论文，并将所学专业和实际工作结合起来，申请了一项博士青年基金。

在享受成长喜悦的同时，更能引起他内心涟漪的是组织的培养，是中心始终坚持党对人才工作的全面领导，把培养高素质人才作为战略工程来抓，厚植青年的爱国情怀，不断坚定了热爱航天事业的信念。

---

① 张健.“人才之星话成长”系列报道（二）张健：只争朝夕，不负韶华，勇做航天事业登攀者 [EB/OL]. [2021-11-9]. https://mp.weixin.qq.com/s/-P8750tuHVt2K73k3TZFRQ

听党话，跟党走，积极投身建设航天强国的伟大实践是当代青年的重要使命。张健深感，中心敢于让青年骨干打头阵，当先锋，开明开放聚才、不拘一格育才、倾心竭力用才的人才培养方针，为他提供了成长进步的良田沃土。

年少多壮志，青春应许国。作为新时代中国航天事业的奋斗者，能够把自己青春奋斗的脉搏与伟大的航天强国事业同频共振，张健感到无比自豪。他说：“我将不负时代，不负韶华，接好航天前辈的接力棒，锤炼过硬本领，磨炼实干品质，让青春之花在航天舞台上尽情绽放，为建设航天强国增添亮丽的青春色彩。”

在特别能奉献精神的指引下，我国载人航天事业取得了世人慨叹的奇迹：2022年12月31日，国家主席习近平在新年贺词中向全世界郑重宣布，“中国空间站全面建成”。从1992年9月21日，中国载人航天工程正式立项实施，我们蓝图绘梦到如今奋斗圆梦，几代中国航天人用了整整三十年，完成了“三步走”战略任务，建成了自主建造、独立运行的“天宫”空间站，在建设航天强国、攀登科技高峰的征程上增添了又一座彪炳史册的“里程碑”，在探索浩瀚宇宙中书写了壮丽篇章。

【知识拓展】中国载人航天工程大事件

1. 中央批准实施我国载人航天工程

1992年9月21日，中央决策中国载人航天工程立项实施，并确定了我国载人航天“三步走”的发展战略。

2. 中国载人航天工程的首次飞行

1999年11月20日，神舟一号无人飞船成功发射，这是中国载人航天工程的首次飞行。

3. 中国航天员首次进入太空

2003年10月15日，我国首艘载人飞船神舟五号成功发射，将航天员杨利伟顺利送入太空。我国成为世界上第三个独立掌握载人航天技术的国家。

4. 我国实现“多人多天”太空飞行

2005年10月12日，航天员费俊龙、聂海胜搭乘神舟六号载人飞船进入太空，于17日安全返回。此次任务突破掌握了载人飞船“多人多天”在轨飞行关键技术。

5. 中国航天员首次实施空间出舱活动

2008年9月27日，神舟七号航天员翟志刚成功实施我国首次空间出舱活动。此次任务突破和掌握了空间出舱活动技术。

6. 我国突破掌握空间交会对接技术

2011年11月3日和11月14日，天宫一号目标飞行器和神舟八号飞船先后进行了两次空间交会对接试验，均取得圆满成功。

7. 首位中国女航天员进入太空

2012年6月16日，神舟九号载人飞船发射入轨，刘洋成为我国首位进入太空的女航天员，填补了我国女性航天飞行的空白。

8. 中国首次举行太空授课

2013 年 6 月 20 日，执行神舟十号载人飞行任务的航天员王亚平、聂海胜、张晓光默契配合，为全国中小学生进行了太空授课。

9. 长征七号运载火箭首飞成功

2016 年 6 月 25 日，我国为空间站工程研制的新一代中型运载火箭长征七号发射成功，我国已经跨入世界大吨位火箭发射的行列。

10. 我国首个真正意义上的空间实验室

2016 年 9 月 15 日，天宫二号空间实验室发射入轨，这是我国第一个真正意义上的空间实验室。

11. 中国航天员完成中期驻留任务

2016 年 10 月 17 日，航天员景海鹏、陈冬搭乘神舟十一号飞船发射升空并进驻天宫二号，圆满完成为期 33 天的飞行任务。

12. 我国第一艘货运飞船发射成功

2017 年 4 月 20 日，我国首艘货运飞船天舟一号顺利发射入轨，此次任务也是天舟货运飞船与长征七号运载火箭组成的空间站货物运输系统的首次亮相。

13. 我国首次实现推进剂在轨补加

2017 年 4 月 27 日，天舟一号顺利完成对天宫二号的推进剂在轨补加技术试验，表明我国突破和掌握了这一重大关键技术。

14. 长征五号 B 运载火箭首飞成功

2020 年 5 月 5 日，长征五号 B 运载火箭首次飞行任务是空间站建设阶段开局之战，验证了新一代天地往返运输飞行器关键技术。

15. 中国空间站首个舱段发射成功

2021 年 4 月 29 日，中国空间站首个舱段天和核心舱在海南文昌发射场发射升空，中国空间站在轨组装建造全面展开。

16. 中国人首次进入自己的空间站

2021 年 6 月 17 日，神舟十二号航天员乘组先后进入天和核心舱，中国人首次进入自己的空间站。

17. 首次验证长期在轨驻留能力

2021 年 10 月 16 日，航天员翟志刚、王亚平、叶光富搭乘神舟十三号载人飞船进入太空，在轨飞行 183 天，首次考核验证了空间站任务航天员长期在轨驻留能力。

18. 空间站首个科学实验舱发射成功

2022 年 7 月 24 日，中国空间站第二个舱段、也是首个科学实验舱“问天”发射升空。这是空间站有航天员在轨驻留期间首次进行空间交会对接。

19. 空间站“T”字基本构型完成组装

2022 年 11 月 3 日，空间站梦天实验舱完成转位，中国空间站“T”字基本构型在轨组装完成，神舟十四号乘组进入梦天实验舱，开启中国人太空“三居室”时代。

20. 首次实现两小时自主快速交会对接

2022 年 11 月 12 日，天舟五号货运飞船发射入轨，与空间站组合体首次实现两小时自主快速交会对接，创造世界纪录。

21. 首次实现“太空会师”

2022年11月30日，神舟十五号3名航天员进驻中国空间站，两个航天员乘组首次实现“太空会师”。

（二）发扬“特别能奉献”精神，坚定忘我牺牲意志

1. 牢固树立家国情怀

家国情怀是一种深情大爱，是个体的人对自己国家和人民的深厚感情，是对国家高度的认同感、归属感、责任感和使命感的统一，是对国家富强、人民幸福所展现出来的理想追求。蕴含在奉献精神中的家国情怀，是广大载人航天工作者高尚道德情操和精神面貌的集中体现，是载人航天事业得以存续发展、不断强大的精神支柱和力量源泉。新时代大学生在实现自身成长成才中会面临很多困难挑战，这就需要怀着对于工作岗位的热爱之情、对于祖国的热爱之心去攻坚克难，需要这样一种精神力量为自身成长发展提供前进动力。在学习实践中要切实对特别能奉献精神进行深刻理解和把握。

（1）深刻理解载人航天精神中蕴含的家国情怀

伟大事业孕育伟大精神，伟大精神推动伟大事业。探索浩瀚无边的宇宙、发展载人航天事业、建设现代航天强国，是我们的不懈追求。回顾载人航天发展史，一次次伟大成就进入公众视线，一次次科技创新刷新中国高度，这一过程中不但取得了举世瞩目的伟大成果，更深深镌刻着载人航天工作者们的家国情怀，培养和彰显了包含“特别能奉献”精神在内的伟大载人航天精神。

载人航天精神中蕴含的家国情怀根植于中华民族爱国主义光荣传统，形成于伟大的载人航天实践，同时载人航天事业的性质也决定载人航天工作者必须具备强烈的家国情怀，党中央的关怀更是激发了载人航天工作者以国为重、报效祖国的坚定信念。

①载人航天精神中蕴含的家国情怀根植于中华民族爱国主义光荣传统

爱国主义一直以来都是中华民族的光荣传统，是鼓舞全国人民团结奋斗攻克难关的一面旗帜，是推动我国不断前进、取得一个又一个伟大胜利的巨大力量，是中华民族共同的精神支柱。正是在爱国主义的感召下，当国家需要时一批批国际一流技术专家放弃国外优厚的待遇，不顾重重阻挠、克服艰难险阻，毅然回国工作、投身航天事业：钱学森在周恩来总理的亲自关心和帮助下，克服重重阻碍，回到祖国，在登上回国的邮轮时，他说出了自己回国的初心：“要竭尽全力建设自己的国家，使我们的同胞过上有尊严的幸福生活”；卫星与返回技术专家王希季听闻新中国成立的喜讯改变在美国攻读博士学位的决定回到祖国；中国载人航天工程首任总设计师王永

志曾动情地说道："祖国的需要就是我们前进的方向，只有把自己的事业同祖国、同人民紧密联系在一起才能大有作为。"在爱国主义精神的感召下，一代又一代富有知识、拥有理想、怀有远见的有为青年不约而同地聚集在航天的旗帜下，把国家利益放在首位，以高度的使命感、责任感把自己终身奉献给了航天事业，将爱国报国的誓言践行在航天事业的发展之中。

【知识拓展】 航天英烈王来：戈壁滩上 38 只焦黑的脚印①

东风革命烈士陵园，是中国酒泉卫星发射中心科技人员心中的圣地，760 多名曾经工作在此的航天工作者长眠此地。在一排排整齐的墓碑中，有一座墓碑最为独特，碑前一棵小榆树傲风而立。墓中人，是王来。

时间回到 1965 年，一次训练演练中，四辆加注车在汽车的牵引下驶向库房边上的戈壁滩处理剩余液氧。一名操作手在泄除液氧时，因意外着火，引燃了旁边的一簇骆驼刺，当即燃起大火，年仅 24 岁的王来立即跑过来营救，两人瞬间都变成了火人。当了 5 年加注操作手的王来深知在能够推动火箭升空的特种燃料面前，人的躯体等于什么。危急关头，他首先想到的是身旁的同事和设备安全，他不顾一切拼命地把同事的衣服扒下来，凭着最后一口气，向着远离同事和设备的方向跑去。同事得救了，而他却在液氧分子的包裹中，成为一支熊熊燃烧的"火炬"。

10 米……20 米……烈火在他的身上熊熊燃烧……他成了一个火人，还摇摇晃晃地向前跑着。一步，两步，他倒下了，身后的戈壁滩留下了 38 只焦黑的脚印。

时光荏苒，薪火传递。2016 年 9 月 15 日，天宫二号任务进入负 8 小时程序，氧化剂加注库房管道出现泄漏，库房内瞬间黄烟弥漫。如果不能尽快定位故障，及时加以处置，极有可能会影响天宫二号任务的正常程序。

"穿好防护装具，跟我上！"险情就是命令，发射测试站燃料加注班班长许兴顺带领 6 名操作手冲了进去，23 分钟，查明故障、更换备件，顺利排除险情。面临生与死的考验，7 名新的勇士不怕死、不畏险，用实际行动继承了烈士不怕牺牲，不畏生死的奉献精神。

"面对库房弥漫的毒气，有没有害怕？"当笔者向加注技师刘华兵问道，他的回答斩钉截铁："如果危险再次来临，我照样义不容辞！"

巍峨的发射塔架雄伟挺立，这里不仅是发射测试站铸魂育人的宝贵精神财富，也记录着他们如何将航天精神延续和传承。广大科技工作者讲述航天事业发展历程，把故事当课件，与历史"对话"，和先烈"谈心"，把"两弹一星"精神、载人航天精神和东风精神等光荣传统植入内心。

2021 年 3 月 31 日，长征四号丙运载火箭顺利升空，参加此次任务同样身为火箭燃料加注操作手的程哲，聆听了王来烈士的英勇事迹，将胸前的一束小白花放在王来墓前，轻轻擦拭着墓碑，说道："王来烈士牺牲的时候仅仅 24 岁，他不畏生死的英雄气概和奉献精神值得我们所有人学习。"

① 王明艳．航天英烈王来：戈壁滩上 38 只焦黑的脚印 [EB/OL]. [2021-4-4].https://mp.weixin.qq.com/s/BsZn5hK-G6ePZXUPqGaa9uQ.

图 28：巍峨的发射塔架

②载人航天精神中的家国情怀形成于伟大的载人航天实践

2013 年 2 月 2 日，习近平总书记来到酒泉卫星发射中心，向安葬在东风革命烈士陵园的英烈敬献花篮，向共和国的功臣们表示敬意，并勉励要把载人航天精神的光荣传统和优良作风一代代传下去。2021 年 6 月 17 日，神舟十二号航天员乘组聂海胜、刘伯明、汤洪波 3 名航天员在出征太空前，专门前往位于酒泉卫星发射中心的东风革命烈士陵园祭拜航天先烈，这是一项极具中国航天特色的传统。东风革命烈士陵园蕴藏着中国航天事业不断发展的精神动力，这里安葬着 700 多位为了中国航天事业忠诚奉献、英勇献身的英雄先辈，其中包括共和国的元帅、将军以及科技工作者、普通官兵，而这些先烈平均年龄只有 27 岁。“死在戈壁滩、埋在青山头。”每次执行载人飞行任务前，总指挥部全体成员和航天员都会来到这里祭奠，因为，这里埋藏着中国航天人的“根”和“魂”。陵园中矗立着一座直指蓝天的纪念碑，象征着航天人扎根戈壁、矢志航天、报效国家、至死不渝的家国情怀。

除了前往东风革命烈士陵园祭拜航天先烈，在中国人民解放军航天员大队有条不成文的规矩：每名航天员从太空返回后，都会去看望钱学森等老一辈科学家。2022 年 11 月 17 日是工程首任总设计师王永志院士 90 岁生日，刚刚完成出舱任务的神舟十四号航天员，专门从空间站发来生日祝福……这些浓厚的家国情怀都是在载人航天实践中形成并发展起来的。

【知识拓展】 东风革命烈士陵园：十万军深扎戈壁 一颗心志向太空

在探索浩瀚宇宙、建设发展航天强国的征程上，有那么群无私无畏的航天人，他们用自己的青春甚至生命不断夯实我们飞天的基础，为探索更加遥远的深空而努力着，而这其中长眠于东风革命烈士陵园中的中国航天工作者们就是这项伟大事业的最早创业者。

酒泉卫星发射中心被称为中国人迈向太空的起点，承担着我国载人飞船发射的重大任务，在距离载人航天发射塔架几公里的地方有一个安静的角落，在这里有700多位曾经的航天工作者长眠于此，这里就是东风革命烈士陵园。

在这座陵园里，安葬着13位共和国的将军，其中就有新中国的开国元勋聂荣臻元帅。除了像聂荣臻元帅这样的高级将领外，这里还安葬着为航天事业献出一生精力和生命的一线航天工作者，凭着“死在戈壁滩，埋在青山头”的精神，一座现代化的航天发射场在他们手中从荒凉的戈壁滩拔地而起，他们为了祖国航天事业忠诚奉献、英勇献身。

陵园中矗立着一座直指蓝天的纪念碑，形象地象征了航天人深厚的扎根戈壁、矢志航天的情怀。这里蕴藏了我国航天事业不断发展的精神动力，每次航天员出征前都会来到这里祭拜、缅怀先烈。

一部载人航天事业的发展史，是一部推进载人航天事业建设改革发展的奇迹史，更是一部载人航天人的爱国史。曾经，航天大国里没有中国的席位。新中国成立之初国家一穷二白，我们党以长远眼光和非凡胆略，毅然决定研制“两弹一星”，1992年，党进一步作出实施载人航天工程重大战略决策，并科学确定了“三步走”的发展目标。进入新时代，我们更是满怀信心地把“建设航天强国”写入党的十九大报告。中国实施载人航天工程30年来，我国的载人航天事业从无到有，从弱到强，以震惊世人的速度一路追赶超越，我们实现了从无人飞行到载人飞行，从一人一天到多人多天，从舱内实验到出舱活动，从单船飞行到组合体稳定运行。辉煌成绩的背后是载人航天人十年磨一剑的无私奉献和全力付出，在攀登科技高峰的过程中，载人航天人以崇高的精神境界、顽强的战斗意志和杰出的才能智慧，把一个个世人惊叹的成果送入了浩瀚太空，在这其中凝结了载人航天人淡泊名利、同舟共济、团结协作的崇高品质以及以国为重、默默奉献的家国情怀，谱写出一曲曲荡气回肠的英雄赞歌。

无论是艰难的“一穷二白”创业时期，还是“开拓创新”的跨越发展时期，载人航天人始终把报效祖国、奉献自我作为神圣职责，将实现载人航天事业新突破作为崇高使命，真正将对党和人民无限忠诚的爱国情怀体现在工作岗位上、落实在载人航天事业的行动中，并一直薪火相传。

习近平总书记在2022年5月2日给中国航天科技集团空间站建造青年团队的回信中曾指出：建设航天强国要靠一代代人接续奋斗。希望广大航天青年弘扬“两弹一星”精神、载人航天精神，勇于创新突破，在逐梦太空的征途上发出青春的夺目光彩，为我国航天科技实现高水平自立自强再立新功。

漫漫飞天路，需要一代代人接续奋斗。载人航天事业的后来者都深深地明白，自己是站在巨人肩上向上登攀，只有不忘来时的路才能走好未来的路。

2021年“七一”前夕，正在执行神舟十二号任务的科研人员走进本单位的纪念场馆，重温入党誓词、重访航天遗迹、重读英模事迹，追寻老一辈航天人征服宇宙的奋斗历程。载人航天好比“大熔炉”“大学校”“大家庭”，将来自天南海北、各行各业的人铸成一个模子、聚成一团火。三十年前，王永志、戚发轫等第一代创业者在花甲之年扛起重任、奋斗终生，至今仍时刻牵挂载人航天事业发展；周建平、黄伟芬等第二代奋斗者在事业前进的洪流中不断磨砺成长，已成为扛起载人航天事业重任的领军人才。“老航天”热情不减，70后、80后研制人员扛起自主创新大旗，作为后起之秀的“80后”“90”后甚至“00后”们也已褪去稚嫩，不怕吃苦、勇挑重担，运用新视野、新技术在攻克更多航天关键技术的道路上共同奔赴。

在酒泉卫星发射中心，不少工作者都是“航二代”甚至“航三代”，他们生长在载人航天事业奋斗的过程中，从小耳濡目染，大学毕业后又主动回到东风航天城，和父辈祖辈一样甘当扎根戈壁的“骆驼刺”，把美好的青春年华奉献给心中神圣的事业。

“父子兵”“夫妻档”“师徒配”……老一辈们“献了青春献终身、献了终身献子孙”的动人故事在载人航天事业中接续传扬。

载人航天，人命关天，成败系于毫发，质量高于一切。在载人航天中航天员是冲在事业前面的先锋，身上肩负着神圣的使命，承担着万千载人航天工作者的希望。载人航天的特殊性及重要性决定了他们要面临比常人多很多的挑战，注定要时刻与风险和考验为伴。除了付出难以计算的时间和精力，还要做好随时奉献出宝贵生命的准备。航天员们从接受任务的那一刻起，就不惧怕这些风险和挑战，他们把个人生死、利益得失放在一边，把国家重任、民族希望揽在肩上，用行动证明着自己的爱国之心、报国之行！

在载人航天人心目中，祖国的分量最重、人民的利益最大，为了成就祖国的航天事业，他们勇往直前、无惧生死，他们将家国情怀、奉献精神深深镌刻进理想信念中、展现在具体行动中。

③载人航天的事业性质决定了载人航天工作的家国担当

中国载人航天事业性质决定了载人航天事业的保密性质和科学难度，这些客观要求决定了载人航天工作者必须具备强烈的家国情怀以及无私奉献的崇高精神品质。

首先，载人航天事业保密工作性质的要求。对于公众来说，无论是航天事业还是更具体的载人航天事业都是神秘的；对于国家来说，载人航天工程是国之重器，意义重大。载人航天事业是国家尖端事业，关系着党和国家的利益，从创立之初载人航天事业就有着严格的保密要求和制度。“不该问的就别问”“只能做不要说”对于载人航天工作者是基本要求，所从事的事业工作不能说、突破的核心关键技术不能说、研制出的惊人成果不能说，更甚至去哪里也不能说，因此回顾载人航天历史，很多曾经为载人航天事业发展作出卓越贡献的专家学者鲜为人知、默默无闻。

其次，载人航天事业科技探索工作性质的需要。载人航天是一项科技探索工程，技术难度大、风险性高、没有太多前人的经验，这些不仅要求载人航天工作者始终保持坚持不懈探索的精神追求，也需要具备为了祖国载人航天伟大事业甘于吃苦、甘愿奉献的献身精神，他们的默默奉献、辛勤付出，充分彰显了对于探索未知载人航天事业的无限热爱以及对于助力祖国强大的家国情怀。

30年飞天之路，30年的逐梦之路，在这个圆梦的过程中不仅见证着中国载人航天的跨越发展，见证着中国航天事业由大向强的铿锵步履，也见证着中国航天人的青春与成长。

【知识拓展】宋建岭：知难而进的80后博士

2019年7月，我国第一件5米直径锥底贮箱在天津航天长征火箭制造有限公司（简称天津火箭公司）通过液压试验考核，这是继上半年我国第一件5米直径共底贮箱研制成功后的又一个好消息。

成功攻克这些特殊结构贮箱焊接技术的是一个80后博士——宋建岭。他当时是贮箱焊接车间副主任，是我国新一代运载火箭长征五号、长征七号等型号火箭贮箱焊接核心人员。

图29：宋建岭工作照

2012年开始，长征七号运载火箭各项研制陆续转产天津。当时还是车间主任助理的宋建岭开始带领大家开展相应贮箱焊接生产线的前期论证和建设工作。从设备的安调、试验件生产到首飞箭研制，他和团队一次又一次攻克技术难题，不断刷新长征七号火箭贮箱研制新记录。

艰难困苦，玉汝于成。新一代运载火箭贮箱研制攻关并非一帆风顺。2014年，宋建岭已担任车间副主任，就在他刚刚感觉掌握了新一代运载火箭贮箱焊接技术的时候，他和团队经历了前所未有的挑战。长征五号是我国首型全新研制的大推力、高可靠、无毒、无污染的新一代运载火箭，也是我国首型5米直径火箭，其大直径贮箱研制遇到了一系列焊接难题。一级氧箱静力件产品最后一道封口焊缝焊接极不顺利，整圈焊缝基本全是超标缺陷，要切除箱底，重新焊接。

整个型号进度都在等，不能再出问题，必须拿出稳妥的解决方案。然而，新型号、新设备、大直径贮箱，没有任何经验可供参考。前后一个多月的时间，宋建岭和团队没白天没黑夜的反复研讨和试验，最后硬是摸索出了一套可行的焊接工艺方案，彻底解决了封口焊接装配难题。经历着心理上和身体上的双重考验，一个多月的时间他瘦了6、7斤。期间，适逢妹妹婚礼，工作太忙实在安排不开，他就在深夜赶回河北老家，第二天一大早在婚礼上匆匆露了一面，便赶忙再赴北京向上级单位汇报工作进度。

潜心在新一代运载火箭贮箱焊接技术攻关和优化上下功夫，宋建岭和团队不懈的努力换来了可喜的成果。团队先后创下了我国火箭贮箱焊接多个第一。我国首个整底法兰盘机器人焊接技术，用自动焊接代替手工焊接，降低了人工劳动强度，焊接成形更稳定。立式伞状可伸缩多余物自动清洗技术，国内首次用机器系统代替人工，通过水洗和超生波振动等方式实现多余物自动清理，贮箱清洁度大幅提升并缩短了清理周期，同时实现了多余物的量化分析……2016年，长征七号、长征五号承载着宋建岭所在团队研制的贮箱一飞冲天，先后首飞成功。团队的研制能力得到了实践的肯定。

然而，大家很难想到，这一系列成果的取得起步于一片滩涂。2010年，刚刚从哈尔滨工业大学毕业的宋建岭，怀揣着航天报国的梦想，来到天津火箭公司。高高的志向，在第一天就被打落一地。工作条件异常艰苦，现场甚至还不具备生产条件。生产厂房坐落在一片荒草丛生的盐碱地上，里面闷热潮湿，到处是等待引入设备的空旷地基。现场唯一的一台设备，在进行安装调试时，地基一下子塌了下去，一会儿就被地下水淹了。没有食堂，没有厕所，到了夜晚飞虫和蚊子到处飞。很长一段时间，宋建岭每天的主要工作是下深坑修地基修设备，反反复复转动设备的二十多个手轮调整产品装配姿态，摸索生产工艺参数。没有可供休息的办公室，实在累了他就和大家一起在设备边的地面上躺一会儿，身上的汗水、油渍和泥土混合在一起，活像个泥猴子。

“我们搞焊接的，必须在工程实践中，特别是在国家重大工程中解决实际问题，才能发挥我们的作用。”林尚扬院士说的这句话一直激励着我，宋建岭说。从安装拆卸设备、编写工艺规程、摸索焊接参数开始，这个80后博士，埋头于新一代运载火箭贮箱研制攻关，一干就是九年。

天津火箭公司贮箱焊接车间里都是年轻员工，大家普遍都是有干劲儿，但是缺乏经验，带领大家快速成长是长期以来宋建岭一直攻关的另一个课题。“扎根一线，团队作战”，是他的法宝。遇到一个难题，他一般会拿出几个解决方案让一线人员选择哪种更好用。过程中，他会把工艺员、调度人员和一线人员叫上一起讨论，通过头脑风暴的方法，鼓励大家谈谈自己的想法。新技术方案好不好用一线人员说了算，宋建岭说。

工作中，宋建岭特别严格。一次，一名实习生打磨长征七号一级氧箱的一条焊缝厚度超差，自己一开始也没放在心上。但在随后的大大小小的质量分析会上，宋建岭总会拿这件事做例子警醒大家。这对这名员工触动很大，从此下决心提升技能，在此后的几年里快速成长为车间技能人员骨干。“宋主任虽然工作上要求严格，但私下里很关心身边的员工。他总会找机会做大家的思想工作，使得我们积极进取把工作做好。他身上有一种干事业的凝聚力。”搅拌摩擦焊班组长孟占兴说。2019年，善于攻克焊接工程应用难题的宋建岭入选火箭院青年拔尖人才。从刚参加工作时遇到问题的无从下手，到现在能够沉着应对各项技术难题，宋建岭说要感谢天津火箭公司给予的信任和机会，使得自己拥有锻炼自己和施展才能的空间。

2020年开始，宋建岭和团队迎来更加严峻的挑战，每年要交付百个以上的贮箱，这比车间前10年交付的贮箱总和还多。谈起新挑战，宋建岭充满了期待，“这也是航天的魅力所在，无数看似不可能的任务，往往到最后在团队的共同努力下变成一个个神奇。”

④党中央的关怀激发了载人航天工作者以国为重、报效祖国的坚定信念

党中央、国务院、中央军委始终高度重视、深切关怀载人航天事业，党中央的关怀极大地激发了载人航天工作者热爱祖国、为国增光的坚定信念。回顾载人航天事业发展历史，中央领导同志多次亲临载人航天系统一线视察；在载人航天事业创建和发展过程中，多次作出重要指示，指明发展方向、激发斗志、给予帮助；从各大专院校选拔优秀毕业生、选拔优秀人才到载人航天事业中，不断充实载人航天队伍，这些都深深体现出党中央对于载人航天事业的关怀和鼓励。

2021年6月23日中共中央总书记、国家主席、中央军委主席习近平来到北京航天飞行控制中心，同正在天和核心舱执行任务的神舟十二号航天员聂海胜、刘伯明、汤洪波亲切通话，代表党中央、国务院和中央军委，代表全国各族人民，向他们表示诚挚问候。习近平总书记询问进驻天和核心舱的首批航天员：“你们现在身体怎么样、生活怎么样？工作顺利吗？”希望他们“密切配合，圆满完成后续任务”，祝他们“在太空工作生活顺利”，表示“在北京等候各位凯旋”。关切的话语、殷切的期待、郑重的嘱托，充分体现了习近平总书记对航天事业的关心关怀，充分彰显了以习近平同志为核心的党中央对载人航天事业发展的高度重视。在党中央的深切关怀下，载人航天工作者也以极大的工作热情全身心地投入载人航天伟大事业，以回报党中央、国家的关怀和人民的大力支持。

（2）充分发挥载人航天精神的精神引领

习近平总书记在党的十九大报告中指出：社会主义核心价值观是当代中国精神的集中体现，凝结着全体人民共同的价值追求。要以培养担当民族复兴大任的时代新人为着眼点，强化教育引导、实践养成、制度保障，发挥社会主义核心价值观对国民教育、精神文明创建、精神文化产品创作生产传播的引领作用，把社会主义核心价值观融入社会发展各方面，转化为人们的情感认同和行为习惯。载人航天精神是社会主义核心价值观的生动体现，作为高等教育重要组成部分的高等职业教育，要培养既掌握扎实理论知识，又能通过专业技术深耕岗位无私奉献的技术技能型人才，因此更要加强对于载人航天精神中“特别能奉献”精神的传承和弘扬，重点传承和弘扬以国为重的爱国情怀，增强高职院校学生的使命感和责任感，鼓舞新时代高职院校学生攻坚克难、勇攀科学高峰，不断增强高职院校学生的文化自信和文化自觉。

①为学生价值观念培养提供了正确导向

家国情怀在中国几千年的历史发展长河中得以传承和发扬，是深深镌刻在中华儿女身上的优秀品质，在不同时代中，尽管家国情怀的具体内涵、形式会发生变化，但其核心内涵从未褪色，根据时代变化的特点更是焕发出蓬勃的生命力，家国情怀当中家国一体、保家卫国、责任担当等精神更是在新时代散发出强烈的光芒。“特别能奉献”是践行使命担当的精神信仰，爱国情怀是蕴含其中的深厚感情。载人航天人干着惊天动地的事、做着隐姓埋名的人，一直以来一代代载人航天工作者传承航天先辈们无私奉献的优良传统，不计个人得失、不求名利地位，为载人航天事业发展奉献青春年华，这种为了国家不计利益、奉献终身的精神值得高等职业院校学生继承与传承。目前在高等职业教育发展中，在学生价值观培养方面存在一些问题，诸如：精益求精意识缺乏、攻坚克难意识不足、创新创造意识不强、奉献贡献意识薄弱；在吃苦耐劳精神、刻苦钻研品质、家国情怀培养等方面也存在不足等。“家国情怀”客观地为高职院校学生思想政治教育提供了一个正确的价值导向，培养“大国工匠”，不仅要关注培养技术，更要关注“匠心”、培养，“匠魂”铸就，要牢记“大国工匠”是国家的一分子，心必须是为了国家的，必须体现“国”的重要性，因此在学生培养中要将国家和民族的利益放在第一位，引导学生将坚持个人价值与社会价值高度统一起来。

②为培养家国情怀提供优质教育资源

爱国主义是中华民族一直以来的光荣传统，是推进和传承中华民族伟大复兴和社会进步的巨大力量，爱国主义的故事不是书本上僵硬的文字表述和图片展示，而是由一个个鲜活的生命创造的。蕴含在载人航天工作中舍身为国、以国为重、不计个人的伟大家国情怀就是一个个鲜活的生命用自己行动书写出的，我们每每回顾载人航天奋斗史会受到感动、震撼，也正是源于这些故事是生动的、鲜活的、有生命力和感染力的。

载人航天事业是中国航天领域迄今规模庞大、系统复杂、技术难度精准、质量可靠性强、安全系数要求最高和极具风险性的一项重点工程。高标准、严要求给我国载人航天工作者所带来的是巨大的挑战，但可以看到这项空前复杂的系统工程能在较短的时间里不断取得历史性突破，一个极其重要的原因就是在于载人航天工作者们心中坚定的报国信念。怀揣着这样的信念，他们特别能吃苦、特别能战斗、特别能攻关、特别能奉献；怀揣着这样的信念，他们书写了一个又一个国家至上、航天至上的感人故事。

如果被问起：在人生的旅途上，什么是最大的激励力量？中国载人航天参研参试人员的选择，是把个人发展深深融入祖国的航天事业。

2003 年 10 月 15 日 9 时，酒泉卫星发射中心惊雷乍起，长征二号 F 火箭托举着神舟五号飞船直刺苍穹。杨利伟刚开始感觉良好，但很快就遇到了以前没有遇到过的麻烦——火箭开始急剧抖动，产生了共振。难以承受的痛苦，让杨利伟感觉五脏六腑都要碎了，他说：“有一刹那，以为自己要牺牲了。”杨利伟并不害怕牺牲。在出征之前，他早已做好了牺牲生命的心理准备，他并不担心自己的牺牲，而是担心如果他牺牲了就无法完成接下来的任务，中国人的飞天梦想将推迟实现。整个共振持续了 26 秒，后来有人评价：26 秒，见证了中国航天员英勇无畏、舍身为国的赤胆忠心。后来，当被问道“您觉得航天员这个职业最酷的地方是什么？”杨利伟回答：“在太空中，当我向全世界展示中国国旗时，那一刻我觉得我是最酷的。”

这也是中国载人航天人的共同心声。

将个人理想与祖国命运紧紧相连，把个人选择与党和国家的需要紧紧相连，把

个人利益与人民群众利益紧紧相连——这是中国载人航天人能打硬仗、能打胜仗的战斗集体不断创造非凡业绩的根本原因。

诸如这样的案例还有很多。在东风革命烈士陵园里从元帅、将军到普通的官兵、科技工作者，有许多为祖国航天事业献出生命的人在这里长眠，每个人的背后都有着国家至上的感人故事，其中不乏夫妻双方并肩作战的故事，潘仁瑾的故事就是其中一个。1998 年 4 月 18 日，神舟一号飞船紧张备战之际，载人航天发射场电磁兼容工作负责人——潘仁瑾累倒在了工作岗位上。为支持丈夫工作，潘仁瑾毅然辞去在上海的工作，随丈夫来到大漠，一头扎进科研试验第一线。测试工作大多在野外进行，无论是炎夏还是寒冬，她都坚守在现场。那天深夜，潘仁瑾口吐鲜血突然倒下。弥留之际，她与丈夫有个约定："飞船上天，勿忘相告。"

英雄淡泊名与利，唯愿飞天梦圆时。作为中国航天史上规模宏大的跨世纪工程，载人航天工程实施以来，数十万人参与其中、全国数千家单位鼎力相助。无论发射前方还是保障后方，他们不计名利得失，为了一个共同目标，为了祖国，形成了强大合力。正如航天员系统总设计师黄伟芬所说，载人航天真的是"以平凡成就非凡，以无名造就有名"①。

今天我们可以告慰烈士的是，中国载人航天事业取得历史性的成就，我们的太空家园正在建造，他们的愿望实现了！

【知识拓展】 李红梅：以梅立志不畏大漠寒 担当使命誓为迎春开②

李红梅，酒泉卫星发射中心技术总体部门测发技术总体室高级工程师，1992 年毕业于天津大学。作为一名学生党员，李红梅主动放弃支边子女的留城待遇，怀着建设祖国的坚定决心，追随着父辈们当年的脚步，回归祖国大西北，来到了酒泉卫星发射中心。

不管岗位如何变化，李红梅都不断催促自己更加努力，始终要以更好的面貌战斗在每一次航天发射任务中。同时，李红梅亦坚持通过科研课题激发、提升自己，参与攻关重点课题 10 余项，获得科技进步奖 10 余项，参与撰写教材 9 部，发表各类论文 40 余篇。

宝剑锋从磨砺出，梅花香自苦寒来。刚到中心，李红梅就被一代代东风人甘愿为祖国航天事业"死在戈壁滩、埋在青山头"的革命精神所震撼，被"弱水河畔扎营房、天作帐篷地作床"的艰苦奋斗精神所折服。为了能让自己尽快独当一面，她主动拜师请教、认真钻研理论，主动要求到配气台、加注供气岗位工作，白天将发射场当成教习场，晚上将办公室变成自习室。在逐步掌握动力系统、控制系统、加注系统的工作原理后，她对动力系统与控制系统、动力系统与加注系统

---

① 新华社．我们的征途是星辰大海——载人航天精神述评 [EB/OL]. [2022-03-01]. https: //article.xuexi.cn/articles/index.html?art_id=9 452 884 538 081 524 294&t=1 631 867 512 665&showmenu=false&study_style_id=feeds_default&source=share&share_to=wx_single&item_id=9 452 884 538 081 524 294&ref_read_id=34e8c271-43a3-4053-ab07-82fac60ff6e5_1 648 108 715 931.

② 李红梅．李红梅：以梅立志不畏大漠寒 担当使命誓为迎春开 [EB/OL]. [2022-03-28]. https: //mp.weixin.qq.com/s/AAkMA__xFJ2DOx6-jutfug.

的接口关系进行重点攻关，逐步掌握了火箭原理与测发原理。某型号火箭子级提前关机，她立即调整推力计算方法，给出发动机飞行工况分析，准确推测出了火箭提前关机原因。

随着自己业务能力的提升，李红梅开始负责测发总体工作，先后担任动力、遥测、外安、利用等系统的测发主任工程师。某任务中，火箭飞行存在横向偏移。发射结束后，为了弄明白偏移的原因，她开展了高空风对火箭飞行轨道影响分析与研究，建立高空风环境下飞行动力学模型的仿真分析，所得结论对后续任务具有重要的参考价值。在从事飞行评估工作后，李红梅和同事们为解决飞行数据计算机自动化分析评估，攻克了模拟量数据实时数字化判读方法，先后完成了 CZ-2 F、CZ-2 C、快舟等型号运载火箭分析评估系统设计研发。这一研究成果获得了科技进步二等奖，为飞行试验评估中心的建立奠定了技术基础。

图 30：李红梅工作照（图片：李阳 杨振华）

天若有情天亦老，人间正道是沧桑。2005 年，神舟六号载人飞行任务与卫星发射任务并行，李红梅主动加入支援兄弟单位的借调队伍。当火箭成功点火载着神舟六号飞船飞向太空时，她悄然站立在沸腾的人群中。当日凌晨一点，她的父亲因为肺癌离开了人世。武威与东风，近在咫尺，李红梅为了保证工作的连续性，选择坚守在一线工作岗位上。作为一名老党员，她懂得特殊时期需要非常担当。

人生的道路各有不同，选择在偏远的戈壁，确实没有城市生活的光鲜与繁华，但能与祖国航天事业共成长，李红梅的人生路走得也足够精彩，亦无悔当初的选择！

对高等职业院校学生开展家国情怀教育，要认真学习载人航天工作者们的先进事迹，传承伟大的载人航天精神，尤其是为国舍身、奉献青春的可贵品质，将载人航天事业发展过程中流传的家风家训、无数先进工作者为祖国载人航天事业默默奉献的感人事迹，以及和家国情怀有关的体现载人航天情怀的鲜活事例采用通俗易懂的表述，形象生动地展示出来，使学生的思想受到洗礼，引起情感共鸣，促进其将家国情怀内化于心、外化于行，担当起时代赋予的使命与重任，为加强家国情怀培养提供生动的案例素材。

③为高等职业院校学生培养指明了努力方向

培养高素质的技术技能型人才不仅要在专业能力等硬实力上下大力气，思想意识、价值观念等软实力的提升也十分重要，家国情怀培养就是提升软实力中非常重要的一个方面。

我国载人航天事业发展中，记载着无数载人航天工作者的爱国情怀，他们将个人价值、个人利益和国家命运、国家利益结合起来，勇于舍弃个人私利、关注国家安危和科技发展，无私奉献、顽强拼搏、“抛头颅洒热血”、“不怕牺牲英勇斗争”，取得了载人航天事业举世瞩目的成就，造就了一个经得起磨难和考验的载人航天先进集体，铸就了“特别能吃苦、特别能战斗、特别能攻关、特别能奉献”的伟大载人航天精神。中国航天界的元老戚发轫院士，从事过导弹研究、运载火箭研究、卫星研究，接到担任神舟号飞船总设计师任务时，已经59岁了。接到任务之初，戚发轫坦言，“内心确实比较纠结，觉得压力很大”，但他说“国家的需要就是我的志愿！”面对国家需要，他还是挑起了这个重担。戚发轫院士将党和人民的利益放于首位，与国家、民族、人民血脉相连，对党怀揣感恩之心，彰显了浓烈的家国情怀。正是因为能够将个体发展、个人价值和国家发展、国家需要联系在一起，形成了强大的文化力量，才铸就了伟大的载人航天精神，才不断指引着载人航天工作者推动载人航天事业取得伟大历史成绩，这种浓厚的家国情怀切实为高等职业院校学生培养指明了努力方向，是高职学生思想政治教育工作中的重点内容。

（3）切实践行以身许国的使命担当

誓言铮铮不忘初心，牢记使命勇闯太空。“我志愿从事载人航天事业。英勇无畏，无私奉献，不怕牺牲，甘愿为载人航天事业奋斗终生！”航天员用誓言表达为祖国载人航天事业拼搏奋进的信心斗志，他们为祖国出征太空，在茫茫宇宙一次次留下中国人的身影。

党的需要就是自己的选择，个人理想与祖国命运紧紧相连，个人利益与人民利益紧紧相连，这是载人航天工作者们的真实写照，他们在伟大载人航天精神指引下不断攻克难关、奋勇争先，创造了中国载人航天非凡的业绩。精神铸就难能可贵，与精神铸就同样重要的，是精神的传承。

载人航天精神既是载人航天工作者工作成果的一部分，也是中国精神在航空领域的显著体现，对于高职学生成长成才具有重要的精神激励意义，能够激发学生们的爱国心、引领学生切实践行以身许国的使命担当。

首先，家国情怀培育是高等职业教育重要教育目标之一。坚定的爱国主义、强烈的家国情怀是高等职业教育高质量发展的内在要求，高等职业教育所培养的毕业生要体现出坚定的爱国主义品质。中国载人航天事业发展最初阶段的目标就是实现自力更生与保卫祖国，彻底取得民族独立，高等职业教育的目标也是为了国家经济社会服务、助力祖国繁荣昌盛。在实际中，有无数工作者怀揣着家国为重的情感以强烈的爱国心和奉献精神历经艰辛为国家事业发展、为经济社会发展积极作出贡献。在社会主义核心价值观的指引之下，社会形成了爱岗敬业、争优创先的良好风气，我们可以看到在不同岗位上劳动者用自己勤劳的双手圆梦，他们默默坚守、孜孜以求，在平凡岗位上追求职业技能的完美和极致，其中很多优秀的劳动者最终脱颖而出，跻身"国宝级"技工行列，成为一个领域不可或缺的人才。他们技艺精湛，有人能在牛皮纸一样薄的钢板上焊接而不出现一丝漏点，有人能把密封精度控制在头发丝的五十分之一。在这些工作者身上我们看到了强烈的国家责任感和奉献精神，他们在自己的岗位上踏实工作、努力奉献，用自己的实际行动助力国家经济社会发展。

其次，高职学生的爱国情怀集中体现在热爱祖国和为国争光。习近平总书记多次在重要场合号召在全社会弘扬家国情怀，足见家国情怀的重要性。中国载人航天事业发展史，就是载人航天工作者热爱祖国、报效祖国的奋斗史、奉献史，是一部蕴含着浓厚家国情怀的历史。中国航天事业发展过程中航天工作者把个人理想同祖国命运紧紧联系在一起，以坚定的信念投身载人航天事业，彰显出强烈的民族自尊心和自信心，如以钱学森为代表的一批批杰出航天科学家自愿放弃国外优厚的待遇、优越的工作和生活条件，义无反顾地回到祖国，甘愿在艰苦的条件下投身新中国的航天事业，作出了开创性的巨大贡献。虽然具体领域不同，但是高等职业教育同样是为国家建设服务的重要领域之一，高职学生家国情怀的培育也是新时代高校的重要任务之一，因此要将学生家国情怀的培养教育与国家需要结合起来，不断优化培育内容。一方面，新时代要培育的是有理想、有道德、有文化、有纪律的时代新人，其中家国情怀培养是重要内容，培育大学生的家国情怀有助于学生端正态度、努力进取，树立崇高的为国理想、坚定终身报国信念；家国情怀的内涵能促使青年大学生实现从认知到认同的有效转化，有助于其增强意志、保持奋斗状态，通过不断学习提升自己的能力，并自觉投身到中国特色社会主义建设伟大征程中。另一方面，当代岗位要求做到爱岗敬业、恪守道德、讲诚信、重责任、勇于攻克难关、能够勇往直前，要将国家社会发展需要和家国情怀植根心中，这就需要高职院校学生向载人航天工作者学习，明确自身的定位，树立强烈的责任担当意识，努力学习、开拓视野、增长才干，不断增强自身本领，成为德才兼备的优秀人才。在这个过程中有丰富的知识技能远远不够，还要有高尚的情怀，强烈的对于国家和民族的责任担当意识，要不断培育自身的家国情怀，从家国情怀当中汲取自己进步的力量，将力量转化为实际行动，运用所学知识在自身的专业领域埋头苦干、脚踏实地、创优争先，投身于社会主义现代化建设事业当中，切实通过自身努力成为高素质的技术技能型人才。

总之，家国情怀之所以能在中华悠久历史文化发展中历久弥新，且在新时代迸发出强大的活力，就在于我们国家在历史发展奋斗的长河中，涌现出无数英雄中华儿女，他们先大家后小家、为大家舍小家，展现出了中华儿女高尚的家国情怀。高职院校学生要积极向载人航天工作者学习，真正地将家国情怀落到实处。

2. 发扬乐观主义精神

（1）正确看待高等职业教育

进入新时代随着社会经济技术的快速发展，高等职业教育在社会生活中发挥着越来越重要的作用，2019年国务院印发的《国家职业教育改革实施方案》更是明确指出职业教育与普通教育是两种不同教育类型，具有同等重要地位。但是不可否认，在中国高等教育规模扩大的背景之下，人们往往重视那些普通高等学校，而对高等职业教育存在一些误解，看待高职院校比较悲观和片面，忽略了掌握较为扎实实践本领的高等职业院校毕业生，忽视了他们在日后可能给社会创造的财富。归其原因既有社会思想舆论的传播性，又有一直以来偏见思想的延续性。

鉴于此，必须切实转变教育思想和理念，扭转社会上对于高等职业教育的错误认知，正确看待高等职业教育，避免悲观、片面的想法。首先，应该综合、立体、全面地看待高等职业教育，不仅要看到职业教育，更要看到高等，从高等职业教育整体来看待高等职业教育的发展，既看到其在职业教育中的地位和作用，也要认识到其也是高等教育中的重要组成部分，与普通高等教育同样重要。其次，要用相对独立的视角看待高等职业教育。要深刻意识到高等职业教育自身也有相对独立的体制和机制，在上下衔接、服务社会方面发挥重要作用（向上可以对接本科及以上，向下可以对接高中、中职，横向可以对接社会、服务社会），要切实看到其在教育体系、社会发展中的作用。最后，要站在国家发展全局，用更加广阔的视角看待高等职业教育。社会发展光靠有较强研究能力、理论知识扎实的研究型人才不行，掌握扎实的专业知识、拥有较强实践动手能力的技术技能型人才也是推动社会经济发展的直接动力，因此从国家发展的全局角度、从社会人才需求的战略高度认识到高等职业教育身上高教性和职教性的统一、经济性和社会性的统一，看到高等职业教育同发改、财政、劳动、人事及企业等部门之间的内在联系。

（2）培养革命乐观主义精神

干航天苦，但航天人却乐观地甘愿吃苦。冬日的戈壁滩深处，一望无垠、寒风凛冽；夏日的荒漠，每一粒沙子都蒸腾着热气；深夜的研究室灯火通明，装配车间马达轰鸣……特殊的试验要求和繁重的研制任务，使得艰苦的工作环境成为航天人的“标配”，夜以继日地工作成为航天人的常态。在“死亡之海”塔克拉玛干沙漠、“魔鬼城”罗布泊和海拔5 000米以上的“生命禁区”，都印刻着他们的足迹；每一个深夜里，都有他们辛劳的身影。面对恶劣的研究环境、艰难的工作探索，载人航天人怀揣对于祖国的无限热爱，发扬革命乐观主义精神，在荒凉、苦寒的荒漠上，他们不分白天黑夜地超负荷工作，默默承受着常人难以想象的困难和压力，以乐观的态度克服各种困难，终于在河西走廊上建起能够担负载人航天任务的东风航天城，并突破众多技术难关，研制开发出神舟系列飞船。

再大的困难都吓不倒中国载人航天人，他们以苦为荣、以苦为乐、埋头苦干，一次次向艰难险阻发起进攻，一次次向生理和心理极限发起挑战。在载人航天事业发展过程中，遇到了无数难以想象的困难和险阻，在这些困难面前，载人航天工作者们展现出了无惧无畏的革命乐观主义精神。

有一位航天幕后英雄曾经这样深情地写道："我们有幸成了人们的踩路石，不管春露秋霜，无论冬来夏往，石子铺就的小道或大道，任由人们踩踏。因为石子的承受，才有了人走的路，相伴着人生辉煌……"航天员要脱离地球引力进入太空，就要承受火箭将自身推举到轨道上的加速度。加速度训练要求航天员在承受8倍于自身体重的重力条件下，保持正常的呼吸和思维能力。这些都是需要异于常人的勇气和耐力，也需要极好的乐观心态，需要坚信事业必然成功的乐观精神。

航天员杨利伟是这样形容航天员大队生活的。他说："有一种生活，你没有经历过就不知其中的艰辛；有一种艰辛，你没体会过就不知其中的快乐；有一种快乐，你没拥有过就不知其中的真谛。"载人航天人的快乐就是在艰辛努力中获得的，他们在工作中始终保持着革命乐观主义精神，对祖国载人航天事业怀着必胜的信念。

载人航天事业可以充分体现载人航天工作者们勇于献身祖国的乐观主义精神。在航天事业发展的开端，国家的基础设施并不完善，为激励载人航天工作者，载人航天工作领导人提出"头顶青天，脚踏荒山；胸怀祖国，放眼世界"，载人航天工作者以强烈的乐观精神，面对恶劣的环境、艰苦的客观条件，以顽强拼搏与脚踏实地的作风、以乐观向上、积极主动的态度去研究新形势、面对新挑战、解决新问题、完成新使命。即便困难再大，也坚信载人航天事业必然胜利，即使阻碍再多，也能高效率完成神圣使命，表现出载人航天人的强大的爱国胸襟和革命乐观主义精神。

中华儿女长久以来就是勇于面对各种困难、勇于接受各种挑战，在面对困难时迎难而上，顽强拼搏；在重重困难面前百折不挠，勇于进取；在道道难关面前决不退缩，奋力开拓，以惊人的毅力和勇气、以坚定的信念和乐观精神战胜了各种难以想象的困难，用满腔热血谱写了共和国载人航天事业的壮丽诗篇。这种面对艰难险阻不怕困难、乐观前行的精神不仅要在载人航天事业中弘扬，而且要运用到高等职业教育之中，传承到学生培养之中，激励高等职业院校学生为国家的建设添砖加瓦、勇往直前！

（3）树立正确的苦乐观

在载人航天发展的过程中载人航天工作者充分发挥革命乐观主义精神，在零基础的条件下，以进取的精神面貌运用科学的知识理论积极探寻中国人自己的航天路，没有一味模仿国外已有的航天经验，对载人航天事业的前途充满坚定的信念。对于高等职业院校学生而言，要学习传承这种对于职业教育事业充满坚定信心，以昂扬向上的积极进取态度去攻克难关的精神，这就要求必须树立正确的苦乐观。

树立正确的苦乐观，必须正确看待苦与乐，正确对待在高等职业教育发展过程中遇到的各种困难和挑战。苦与乐既对立又统一，在一定条件下还可以相互转化。毛泽东用"红军不怕远征难，万水千山只等闲"的诗句形象地写出了红军战胜长征途中各种苦难的豪迈气概，用"更喜岷山千里雪，三军过后尽开颜"生动地描述了红军夺取胜利后的喜悦心情，给我们正确理解苦与乐的辩证关系提供了重要启示。古语云，"宝剑锋从磨砺出，梅花香自苦寒来""艰难困苦、玉汝于成"，奋斗的过程是艰辛的，而真正的快乐只能由奋斗的艰苦转化而来。

不经历风雨怎能见彩虹，不经历人生的苦难，怎能享受到人生的乐趣，在奋战新时代的今天，有风有雨是常态，有困难、有挫折是常态，高等职业院校学生要担负起民族复兴之大任，就更要在磨炼中培养吃苦耐劳、乐观向上的良好品质。

首先，要正确看待困难和挫折。在困难与挑战中才能磨砺心性、快速成长，在坎坷与艰险中才能愈战愈勇、快速成才。要正确看待高等职业教育发展中遇到的各种难题，勇于从磨难中奋起，乐于从逆境中前行；要不断去攻坚克难，不断去披荆斩棘，以坚定的信念和无畏的进取精神去克服一切困难、攻破所有难关，朝着提升知识技能的目标，朝着真正服务地区经济社会发展的目标去久久为功。

其次，对未来要有“无端忽作太平梦，放眼昆仑绝顶来”的信心，坚信高等职业教育的前途必是一片光明。高职院校学生要知道伟大事业不是一帆风顺的，在干事创业的过程中会遇到这样或那样的问题，目前仍有许多因素制约高等职业教育高质量发展，但是这些制约因素终会被突破，在实现高质量发展中高职学生唯有坚定高等职业教育发展的信心信念才能解决问题，闯过一道道险关隘口，夺取胜利、书写辉煌。

最后，对未来要有“路漫漫其修远兮，吾将上下而求索”的探索精神。要明白面对不断变革的新事物本身就是有挑战的，面对挑战时要积极进取，用永不放弃、坚持不懈的精神提高自身综合素质和专业能力，用积极向上的精神面貌、勇于冲锋的实际行动彰显属于我们这代人的担当作为。

无数成功的事实表明，选择吃苦也就选择了收获，选择奉献也就选择了高尚。尤其是在青年时期多经历一点摔打、挫折、考验，有利于走好一生的路。在成长成才过程中，要准确把握苦与乐的辩证关系，努力做迎难而上、艰苦奋斗的开拓者，要不断汲取革命乐观主义精神的时代力量，乘势而上，为实现中华民族伟大复兴的中国梦贡献属于年轻一代的力量。

3. 我以我血荐轩辕：“特别能奉献”精神指引成长成才

马克思说：“哲学家们只是用不同的方式解释世界，问题在于改变世界”。要想切实提升高职院校学生思想政治教育水平，提高价值观教育水平，树立坚定的理想信念，这需要在开展思想政治教育过程中必须紧紧围绕“特别能奉献”精神着重从职业理想养成、职业生涯规划两个方面，以载人航天精神为指引在培育奉献精神、家国情怀、革命乐观主义精神层面进行路径探究，力求对新时代高等职业院校精神文化建设，培养堪当民族复兴大任的高素质技术技能型人才提供一定的帮助。

（1）“星”光指引信念：坚定职业理想

①从伟大的载人航天精神中汲取精神的力量

近十年来，我国采取一系列战略性举措，推进一系列变革性实践，实现一系列突破性进展，取得一系列标志性成果，一些关键核心技术实现突破，战略性新兴产业发展壮大，载人航天、探月探火、深海深地探测、超级计算机、卫星导航、量子信息、核电技术、新能源技术、大飞机制造、生物医药等取得重大成果，进入创新型国家行列。党的二十大报告明确指出：“坚持把发展经济的着力点放在实体经济上，推进新型工业化，加快建设制造强国、质量强国、航天强国、交通强国、网络强国、数字中国”。航天强国是我们的目标更是我们的承诺，在加快建设航天强国的过程中需要年轻一代为之奋斗拼搏。

伟大的载人航天精神是一代又一代载人航天工作者用奋斗书写出来的，凝聚着载人航天事业的伟大力量，是由一代代载人航天工作者共同创造、共同发展、共同传承起来的智慧结晶，有着独有的风采与魅力，这其中就包含着丰富的“家国情怀”思想、伟大的“家国情怀”典范，彰显了中华民族和中国人民面对挫折困难时的革命乐观主义精神。自古以来面对国家需要，中华儿女们舍身往前，留下了“愿得此身长报国，何须生入玉门关”“先天下之忧而忧，后天下之乐而乐”“位卑未敢忘忧国”等广为流传的爱国诗句；近代以来，林则徐提出了“苟利国家生死以，岂因祸福避趋之”；五四运动时期，爱国青年们发出“国事不可断送、人民不可低头”的呐喊；中国共产党成立以后，带领着中国人民将中华民族爱国的传统文化不断地延续和发展，锻造了先进的革命文化和社会主义先进文化；载人航天事业发展以来在传统航天精神、“两弹一星”精神的基础上更是形成了独具魅力的载人航天精神。这些宝贵的精神财富既激活了中华优秀传统文化的生命力，坚定了我们的文化自信，也为高等职业院校学生厚植爱国情感、家国情怀提供了充足的养分。

首先，从载人航天精神中坚定爱国奉献的职业理想。作为高等职业院校的学生要从中主动吸收、继承和发扬中华民族优秀传统文化，要从载人航天工作者的事迹中学习他们报效祖国、至死不渝的奉献精神、爱国情感，并向前辈、先进人物看齐坚定为了国家发展奋斗终身、贡献力量的职业理想。具体来说要坚持学以致用的理念，树立服务奉献意识，厚植自身的家国情怀，大力学习载人航天科学家、科技工作者的故事，以及支撑其为之奋斗的爱国主义精神，尤其深入了解载人航天科学家的学习历程、归国之路、科研环境、奋斗历程等，深刻领会事迹中所体现出的爱国主义精神、科研精神，用于指引自己职业理想的确立。

其次，要正确看到高等职业教育。面对社会上对于高等职业教育的偏见和错误认知，作为高等职业院校学生自身要能正确看待高等职业教育，深刻认识到自己未来岗位的神圣和光荣，努力提高自己的专业能力、坚定报效祖国的决心和信心，以实际行动为高等职业教育正名。

【知识拓展】 零号指挥吴增强：“高分”属于全体科技人员①

“十五分钟准备！”

2021 年 3 月 31 日 06 时 30 分，高分十二号 02 星发射进入最后决战阶段，酒泉航天发射场指挥控制大厅响起零号指挥员吴增强响亮有力的口令声。

“零号”——发射场调度指挥的一个非常重要的岗位，也是发射场整个任务流程中的重要指挥员，从负 2 小时进入发射程序到最后火箭点火，零号指挥员需要下达 40 多个口令。

① 王明艳．零号指挥吴增强：“高分”属于全体科技人员“科技尖兵”[EB/OL]. [2021-04-02].https://mp.weixin.qq.com/s/jc9 W10RXPTEgWdpHi-BmuQ.

图 31：2021 年 3 月 31 日 6 时许，零号指挥吴增强下达口令，
发射塔架平台逐一打开，长征四号丙运载火箭在雨中静待发射

发射前 15 分钟，全区指挥权交给零号。这要求零号指挥员不但熟悉口令，还要完全掌握发射场、火箭和卫星各系统状况，具备全面协调指挥能力，在发射过程中对出现的突发问题还要有应急处置能力，完成火箭在发射场的测试发射工作。

1999 年，大学毕业的吴增强来到中国酒泉卫星发射中心发射测试站，担任火箭操作手，随着经验的增加，吴增强经历过箭上抓总、发控台操作手、地面抓总、控制系统指挥、技术总体等岗位。去年 6 月份他第一次担任长征二号丁运载火箭的零号指挥员，虽然经历过 80 余次发射任务不同岗位的锤炼，但第一次担任零号指挥员，吴增强坦言还是备感压力。

零号指挥员被形象地解释为“倒计时指挥员”，大多数人以为零号只是在火箭点火前从 10 数到 1，但实际上，整个发射流程中，无论大大小小的问题都离不开零号的身影，所以在发射场大家都知道，找不到吴增强的时候，哪里人最多、最忙，就去哪里找。

在长征四号丙运载火箭全系统综合检查中，面对电源运行指示灯异常问题，吴增强带领系统指挥和岗位人员连续加班七八个小时，全面分析问题故障树，并完善了试验队提出的排故方案，确保了设备不留隐患、火箭不带任何问题上天。

火箭起飞后，零号的任务并没有结束，吴增强的精神依然高度集中，直到卫星进入预定轨道、太阳帆板打开，他才能彻底放松下来。

“能够承担零号指挥员这一岗位，虽然会有一些压力，但更多的是我工作的动力，我很自豪。同时，零号也是发射场无数个岗位中的一个，每一个岗位都非常重要，都不容有失，成功靠每一个人和每一个岗位的积累，‘高分’属于航天系统的全体科技人员。”吴增强谦虚地说道。

成功属于过去，每天从零开始。接下来，吴增强将和同事们一起，投入更为繁忙更为密集的航天发射任务备战之中。

②在载人航天历史学习中沉淀

历史是最好的老师,历史是最好的教科书。中国载人航天人在载人航天事业发展的过程中演绎了无数感人至深的故事,创造了无数举世瞩目的成就。回顾载人航天事业发展史,中国载人航天人在各个历史时期都践行着他们的初心与使命,书写了令人敬佩的英雄事迹,谱写了气壮山河的精神赞歌,彰显出浓厚的家国情怀和革命乐观主义精神。一代人有一代人的使命,一代人有一代人的担当,即使岗位不同,为国做贡献是相同的。高等职业院校学生要在主动、深刻学习载人航天历史中研精致思,进而以载人航天精神为指引,顺势而为、奋勇而为,在学习过程中深入思考、领会,通过主题学习厚植自身的“家国情怀”,通过学习载人航天领域党的故事、国家的故事、英雄模范的故事等,将载人航天事业中蕴含的红色基因、优良精神代代相传。同时要切实树立“以国为重”的价值观,在新的历史条件下进一步坚定热爱祖国、为国增光的信念,继承和发扬热爱祖国、为国增光的坚定信念。为进一步振奋精神、增强凝聚力,始终保持锐意进取之心,始终对未来从事的专业工作满怀热忱,具体应做到以下几点。

第一,进一步增强国家责任感,围绕国家社会发展加强自身建设。

高等职业院校学生要切实提高自己的政治站位、树立大局意识和全局观念,从国家人才需要角度高度重视技术技能人才,始终坚持把提高自主创新能力摆在突出位置,瞄准领域行业发展前沿,显著增强自主创新能力,要有攻克行业领域技能难关的信心和勇气,努力使自身成为既拥有扎实的基础理论知识,又掌握熟练专业技能的技术技能型人才。

第二,坚持国家利益至上,正确处理国家、集体和个人利益的关系。

新时代高等职业院校学生的命运始终与国家、民族紧紧联系在一起。进入新时代,新时代高等职业院校学生身上肩负着实现中华民族伟大复兴的重大责任,因此要进一步坚定热爱祖国、为国争光的信念,把成为国家需要的“大国工匠”作为神圣使命和职责,把讲政治、讲大局放在首位,正确处理国家、集体和个人的利益关系,自觉坚持个人利益服从国家利益,以国为重、甘于奉献,唯有如此,才能完成好党和人民赋予的神圣使命,真正成为堪当大任的社会主义建设者和接班人。

【知识拓展】崔鑫:风雪挡不住加班的脚步

崔鑫,1987年10月生,山西人,高级工,现为天津航天长征火箭制造有限公司(以下简称“天津火箭公司”)总装测试车间装配一组副组长。

图 32:崔鑫正在工作

2015年大年初三,山西省忻州市偏关县。

崔鑫站在这座晋北小城寂静无人的马路上,双手揣在羽绒服兜里,任凭零星的雪花打在脸上,微微抬起下颌朝远方望去。视野尽头,缓缓驶来了一辆老旧的银色面包车,崔鑫毫不犹豫地冲司机来回招手。车停了,司机摇下车窗:“有什么事儿?”

“师傅,我有急事去朔州,您顺路吗?能捎我一段吗?”

“上来吧!”

坐进“高龄”的面包车,崔鑫为能搭上车而庆幸。此前,他已经在零下19度的寒风中等了一个小时了。

为加班造火箭,风雪中踏上归程

春节是万家团圆的节日。然而,2015年春节,新一代运载火箭正处于研制的紧要关头,火箭总装进度一刻也不能耽搁。天津火箭公司想尽办法,也只为总装车间的装配工挤出3天假期。崔鑫回到老家偏关县,与家人短聚后,要在大年初四赶到单位加班。可从除夕开始,山西省就下起了大雪。

“这么大的雪,还能有车吗?赶不回去怎么办?”

崔鑫担心的事情还是发生了。强降雪、降温天气造成路面积雪和结冰,山西省多条高速公路全线封闭,他以往乘坐的开往太原的大巴车停运了。

“我是班组长,得给大家带好头,总不能什么都不做就直接请假。”抱着这样的念头,大年初三早上6点,崔鑫踏上了归程。

崔鑫走到出县城的必经之路上,看看能不能搭上顺风车。他见车就招手,可只有几辆车停下,还不顺路,其他的司机直接对崔鑫视而不见。足足吹了一个小时的寒风,他才遇到了一辆老旧的面包车。

四面漏风的面包车里 自豪的火箭人

面包车里原本已经有4个人,看着脸冻得发红的崔鑫,他们好奇地问:“这种天气你着急去朔州干嘛呀?”

“赶火车,回单位加班。”

“大过年的怎么就加班啊,你是做什么的呀?”

“造火箭的。”

“啧啧,高精尖呀,干你们这行还真挺辛苦的。”

“还行,其实基本上这两年都是这么过的。”

1987年出生的崔鑫进入天津火箭公司的6年来，几乎每年春节都是正月初三或初四回单位加班，总共只在家里过了一个完整的春节。小伙子能够如数家珍地说出，每一年加班都做了什么，尤其是上班头一年，他到外地执行任务，元旦春节全都是在专列上度过的。

简单的几句对话后，崔鑫感觉到，对方虽然没有说明，但神态、言语间显然对自己多了分敬意。一种源于职业的自豪感，让他忍不住嘴角上扬。

这辆快“退休”的面包车四面漏风，老化的空调聊胜于无，崔鑫的双脚冻得发麻，可心里是暖的。

如果不是这场大雪，崔鑫返程的常规路线是先坐4个多小时的大巴车到太原，再从太原乘坐高铁，大约3个半小时后到达天津。眼下客运汽车全停，崔鑫决定搭车到距偏关最近的朔州火车站，转车到太原。谁也想不到，从偏关到朔州不过短短的100多公里路程，会如此一波三折。

由于路面湿滑，司机开得十分小心。大多数时间，空荡荡的路上只有这辆面包车，可就在开了1个多小时，行至一处弯道时，对面突然出现一辆车！

面包车司机马上踩下了刹车，但车身不受控制地侧滑了出去，整辆车直接横在了马路中央，一车人的心全提到了嗓子眼。对方一见不妙，赶紧把车拐向路边，这才避免了两车相撞。

经过这一遭，司机谨慎地将车速控制在二三十迈，以“龟速”前进着。时间一分一秒过去，崔鑫有些焦灼，照这样下去，原本下午两点多的高铁肯定赶不上了，也没有更晚班次的高铁了。他掏出手机，斟酌着把票改到晚上8点半，那是一列慢车。惦记着上班的事儿，加上阵阵袭来的寒意，让他忘记了饥饿。

突然爆胎，寒风中充当维修工

挨到下午两点钟，司机告诉他：“快到了。”崔鑫立刻打起了精神。此时，正在爬坡的面包车突然发出一声巨响，爆胎了！

拉开车门，冷风扑面袭来，好像刀子划在脸上。四下里空旷无人，风大得不像话，崔鑫本能地缩起双肩，开始盘算什么时候能碰到一辆路过的车，“在这儿等一两个小时，真的要冻死了。”连着降雪3天，气温陡降了十几度，这一天，也恰恰是整个月最冷的一天。

“有备胎，在底盘下面，得先卸下来。”司机的话，重新燃起了崔鑫的希望。

可泥土混合冰雪，早将固定备胎用的螺栓冻得结结实实。司机、崔鑫和另一名乘客，只能先用铁棒费力地把螺栓表面的冰壳敲掉，又卸下螺栓，合力把备胎拖出来。就这样顶着大风折腾了半个小时，等到换好备胎，重新坐进车里，崔鑫觉得自己简直就是一根包着羽绒服的冰棍儿，由内而外散发着寒气，双手更是木得毫无知觉。

面包车再次发动，过了一会儿，司机靠边停车让崔鑫下了车：“你从马路这一直往里头走，就能看见一个公交车站，有车去火车站。”接下来，他们就和崔鑫分道扬镳，往另一个方向去了。

崔鑫连声道谢后，踏着积雪，独自往公交车站走去。

13个小时后吃上第一顿饭

大概是因为地处朔州市的郊区，静谧宽阔的马路上看不到一个行人，节日的气氛也不太浓厚，颇有些荒凉的感觉。崔鑫裹紧身上的衣服，加快了脚步，踩得脚下的积雪吱吱作响。他的后背开始微微出汗，脸庞却被风吹得生疼，他只能侧低下头，用余光瞄着路。不过，经历了“漂移”、爆胎，堪称现实版的“人在囧途”后，崔鑫已不在乎最后这段徒步的寒冷。

大约走了40多分钟，崔鑫果然看到了公交车站，如愿等来了开往火车站的公交车。在朔州火车站，崔鑫买到一张去太原的无座车票。刚走到站台，就开始检票了。好在车上空座很多，崔鑫坐下来，才感觉到真的累了。回想这惊心动魄的一天，崔鑫设想过各种最坏的可能和解决的方法，甚至想到了要挨冻受罪，唯独没有想过“索性转身回家”，“不去尝试，怎么知道行不行。”

晚上8点，崔鑫抵达太原。回天津的火车是半个小时后，他总算能吃顿热乎饭了。而这天他吃的上一顿饭，是在13小时前。

坐上太原到天津的列车，崔鑫心里那块石头，才落了地。他清楚地知道，自己有多焦躁不安，无论是没有精神吃东西，还是急匆匆走路，其实都是担心赶不回去加班。

赶路26个小时 他懊恼迟到了10分钟

大年初四早上5点45分，列车驶入天津站。

一下车，崔鑫马不停蹄地换车，赶回单位、冲进宿舍拿上出入证，又顶风骑自行车赶到车间。此时，是早上8点40分。“一路紧赶慢赶，还是迟到了10分钟。”崔鑫有些止不住的懊恼。

班组成员已经各自忙碌着，车间领导也在现场。崔鑫赶紧上前，说明了迟到原因。他压根没有想到，赶回来加班的这段曲折经历，日后会在单位、型号队伍间口口相传。

崔鑫很快把旅途的风雪抛在了脑后，他瞥了一眼正在总装的火箭，那正是他奔波一整个昼夜的动力，“产品交给我干了，我就得亲眼看着活干好了，才能放心。”他迅速地回到自己的岗位上，全身心地投入了火箭总装。

当前，高等职业教育正在向高质量发展持续迈进，高等职业教育发展步入重要的战略发展机遇期，高等职业院校学生施展才华、报效祖国的舞台更加宽阔。作为高等职业院校学生，要自觉把爱国主义情感、乐观主义态度、无私奉献精神转化为具体行动，任何时候都要牢固树立热爱祖国、为国增光的永恒信念，并用信念激励自己像载人航天工作者一样勇往直前，以激扬旺盛的斗志，投身国家建设之中，始终以对党、对祖国、对人民高度负责的态度，从小事做起，从细节做起，知难而进，顽强攻关，努力为提升自身专业能力素质、促进经济社会发展不懈奋斗。

（2）“星”光点亮梦想：做好职业规划

神舟飞船遨苍穹，伟大精神贯长虹。事物的发展变化是内因和外因共同作用的结果，精神的培育也是内因和外因共同努力的结果。内因是事物变化发展的根本动力，在对学生进行培养中要充分重视内因的作用。在大学生奉献精神、家国情怀等培育的主体中，不仅家庭、学校、社会要充分发挥各自的力量、创造良好的条件和氛围，而且学生要注重自我教育，明确价值观培育养成的主体意识，进而坚定理想信念、做好职业规划、锻炼能力本领，在自我教育中、在情怀培养中，结合时代变化发展的要求明确自身的定位，强化对于时代新人的身份认同，将家国情怀培育、乐观精神养成、奉献精神培养内化于心、外化于行。

①坚定报效国家、奉献终身的家国情怀

第一，强化对于时代新人身份的认同。

新时代中国青年是"有理想、有本领、有担当"的，要成为能够担当民族复兴大任的时代新人就必须树立远大的理想追求、厚植家国情怀，心里始终装着国家和民族，以国家大局为重、以国为先。

理想信念对于大学生成长发展十分重要，如果一个人没有理想信念或者理想信念不坚定，在精神生活上就会匮乏，在人生发展的道路上容易迷失方向，不能承担时代赋予的重任。高等职业院校学生是国家的希望、民族的未来，承担着为国家社会经济建设添砖加瓦的重任，因此要加强对于自身时代新人身份的认同，充分把握学习机会，努力学习科学文化知识，锻炼自己的专业能力，提升自身的综合素养，使自己尽快成长为爱国情怀坚定、专业能力扎实、奉献情感强烈的栋梁之材。在坚定家国情怀、培育理想信念方面需要注意几点：一是要将个人理想与时代发展的特征相结合、将家国情怀与具体实际相结合，在不断坚定理想信念的同时深挖家国情怀的时代内涵，将中华民族伟大复兴梦想的实现与个人理想的实现相联系，不断提升自身能力，将所学的知识、技能用于日常生活实践，树立正确的马克思主义科学信仰，为实现中华民族伟大复兴的中国梦贡献力量；二是要养成正确的是非观念，在大是大非面前要坚定立场，有独立思考和判断能力，保持对党和国家及人民的深厚情感，勇往直前；三是要坚定崇高的共产主义信仰和中国特色社会主义信念，坚定强烈的报国之情，对于涉及国家的事情必须坚决捍卫国家荣誉，把国家利益摆在前面；四是能够识大体、顾大局，注重从英雄人物身上感悟他们的英雄事迹，品味他们身上体现的家国情怀，当思想观念发生冲突的时候能够坚定政治定力，不被错误观点左右。

【知识拓展】 陈启蒙：不忘先辈凌云志，常忆初心敢担当[①]

陈启蒙，来自美丽的山城重庆。本科毕业时，他抱着"去最艰苦的地方，干最伟大的事业"的信念来到了酒泉卫星发射中心。

相信每一个刚到东风的人都会受到一场特殊的教育——瞻仰东风革命烈士陵园，刚来的他也经历了这场特殊的洗礼。一座座矗立在戈壁滩上的墓碑，像一个个守卫阵地的将士，航天先辈们生前为航天事业奉献一生，死后亦默默守护着这片沃土。他们的精神深深感染着陈启蒙，陈启蒙立志像他们一样，为国家的航天事业奋斗终身。

陈启蒙被分配到发射测试站火箭测发室遥测专业，成为一名可以直接和火箭打

① 陈启蒙．"人才之星话成长"系列报道（五）陈启蒙：不忘先辈凌云志，常忆初心敢担当[EB/OL]. [2021-11-12]. https://mp.weixin.qq.com/s/JdWlVHwM0Mx3ggsVhyzj9 A.

交道的航天科技工作者。初到岗位，组织就给他量身定做了培养路线图，通过岗前训练、师父帮带、下厂学习等方式，陈启蒙快速成长为一名合格的遥测操作手。2019年9月，陈启蒙参与执行了人生中的第一次火箭发射任务。当他看到火箭腾空而起，自豪和骄傲充斥着他的胸膛，矢志航天的决心变得更加坚定。

“鲜衣怒马少年时，不负韶华行且知”。谁心中没有一个英雄梦，陈启蒙开始向更高更重要的岗位发起冲击，他给自己制定了一个目标：一年之内具备遥测系统指挥的能力。心中有目标，行动就有了方向。陈启蒙从参与执行任务出发，白天干任务，晚上啃资料，学原理、攻图纸，蹲厂房、练操作，跟任务、攒经验。功夫不负有心人，经过多个岗位多发任务历练后，2020年底，陈启蒙首次担任遥测系统指挥，成功护送云海一号02星进入太空。

首战告捷后，陈启蒙又迎来了新的挑战：担任载人航天发射任务的系统指挥。载人航天发射不同于普通的卫星发射，“载人航天，人命关天”，第一次执行载人航天任务就在关键岗位，这是一种荣誉，更是一份沉甸甸的责任。为了不辜负组织对陈启蒙的信任和培养，他顶住压力，开启了新一轮的备战。

站里针对空间站任务专门组织了“专攻精练”学习训练活动，同时还为每人都制定了相应的学习计划、考核方案，一周一考、一周一总结，良好的比、学、帮、拼氛围让他在备战的过程中干劲十足。

他从系统原理入手，深入到单机内部组成和原理，进行跑图画图针对性训练、学习总结判读方法、研究讨论故障案例。此外，组织还安排他赴北京火箭总装厂进行跟踪学习，在此期间，他不仅对原理、流程有了更深入的认识，还进行了实践操作，检验了学习效果，改进了准备中的不足，为圆满完成空间站任务打下了坚实基础。

尽管有这么多的准备，陈启蒙还是遇到了难题。在神舟十二号任务执行期间，火箭系统在15天内连续出现多个问题，作为“五陪”系统的遥测系统需要全程参与问题排故，长时间作业让他有些吃不消，雪上加霜的是，遥测系统本身也出现了故障。第一次遇到本系统故障，由于缺乏经验，在一开始的问题处置中他显得有点慌乱，但是在单位领导的带领和老同志的指导下，他镇静下来，画原理图、反复分析、开展故障复现试验……最终成功地解决了故障问题。

“宝剑锋从磨砺出，梅花香自苦寒来”，陈启蒙一直坚信“当你感到痛苦时，你就在进步”，虽然这次神舟十二号任务过程艰难，但越是艰难，越显成功之可贵。这些艰难困苦最终化成了成长的奠基石，成为实现“航天梦”的助推器，这也让他在后面的神舟十三号任务中变得从容不迫、游刃有余。

千里马常有，而伯乐不常有。在欣喜自己成长的同时，陈启蒙也深深地感恩于组织对他的信任和培养，组织之于他就如伯乐之于千里马。“要支持青年人才挑大梁、当主角。”在中心党委这样的人才指导方针下，依据“一人一策练、重大任务摔、艰难困苦磨、关键岗位用”的策略，在组织的培养下，他快速成长起来，拥有了担任重大任务关键岗位的能力。

不忘先辈凌云志，常忆初心敢担当。现在我们这一代航天人已接过先辈的接力棒，昂首阔步在航天事业的大道上，将自身的进步与航天事业的发展交融在一起。

他坚信一流的航天孕育一流的人才，一流的人才支撑一流的航天。

图33：右一为陈启蒙（图片：朱宁 江佳丽）

第二，主动内化家国情怀培育。

家国情怀背后是真真实实存在的鲜活故事，作为新时代大学生要将家国情怀培育内化于心，深深印刻在脑海中，加深对于家国情怀的理解。

首先，坚决拥护中国共产党的领导。要坚定爱国爱党意识，紧密围绕在党的周围，深刻学习和领会党的性质、宗旨、路线、方针和政策，保持坚定的政治定力，树立集体主义观念，深刻意识到祖国的发展需要个人为其贡献智慧和力量，加深对于爱国主义的认识和理解。

其次，将家国情怀培育与中华优秀传统文化传承相结合。家国情怀一直蕴含在中华民族5 000多年的历史文化中，大学生要强化对家国情怀的认知和理解，努力提升自身家国情怀素养，将家国情怀培育内化于心。这就需要，一方面从情感上增加对爱国主义的认知，主动学习爱国主义理论知识，增强爱国主义情感，主动增强对本民族历史文化的了解，增强对于国家和民族强烈的认同感和归属感，不断从历史中汲取知识的养分，深化对故土家园、祖国同胞、大好河山、中华灿烂文化和国家的热爱，从知、情、意上坚定爱国主义、提升对家国情怀的认知，坚定对于家的眷念、对于故土家园的思念、对睦邻的友好关系的秉持、对于国家的忠诚，进而将强烈的爱国心、报国志转化到实际的爱国行动之中。另一方面努力提升对中华民族伟大复兴的中国梦的情感认同，坚定中华民族伟大复兴中国梦必定实现的信心，将个人理想融入社会、国家的理想当中，在实现中国梦的伟大理想当中实现自己的人生价值。

最后，要热爱人民。人民是历史的创造者，要始终把人民利益看成最高利益、将人民的需求视为最高需求，在进行专业选择和制定职业规划的时候要考虑到国家需要、人民需求，为中国梦的实现助力。

第三，进一步外化家国情怀培育实践。

家国情怀的培育不仅要内化为学生自己的精神指引，更重要的是要外化于社会实践。当代大学生在祖国的呵护下成长，出生以来享受国家繁荣发展所带来的福利，相应地要主动承担起对社会对国家的责任，不能只拘泥于理论知识的学习，更要将所学知识付诸实际行动，转化为切实的实践，在实践中加深对于爱国情怀的理解，进一步印证和加强家国情怀。新时代大学生外化家国情怀，可以从以下几个方面进行努力。

一是提升专业技术能力，提高社会参与能力。要切实将家国情怀培育与自己的实际行动相结合起来，在实际学习工作中树立国家为重、以国为先的坚定信念，始终关注本专业行业、领域发展，关注经济发展热点问题，瞄准科技前沿技术攻关，开阔自己的视野，拓宽自身的知识面，提升专业技术和能力，同时加强独立思考能力，在实习和实战中积极探索应在社会主义建设中发挥的积极作用，提升攻坚克难的意识和能力，秉承着国家为上的观念处理各种难题和挑战，用自己的专业技术能力作出有益于集体、有益于社会的最佳选择。

二是积极向载人航天工作中先进人物学习，做家国情怀的切实践行者。在载人航天事业发展过程中涌现出诸如钱学森、吴大观、杨利伟等先进人物，从他们身上我们可以清晰地感受到蕴藏在万千中华儿女内心深处的家国情怀、奉献精神，他们在国家航天事业需要、载人航天事业发展之际，挺身而出，为我国航天事业，特别是载人航天事业发展贡献自己的力量。作为新时代大学生，要从这些先进人物身上体会其浓厚的家国情怀，并要努力向他们学习，自觉投入实现中华民族伟大复兴的实践，从坚定报国信念做起，掌握扎实的专业知识、不断磨炼自己的技能、增强综合能力，将学与做相结合，做家国情怀的践行者。

【知识拓展】“塔架神医”张卫红①

攀高爬低，总高度相当于爬十趟珠穆朗玛峰；精益求精，从未因她所负责的平台出现故障影响任务进程。她就是酒泉卫星发射中心发射测试站高级工程师张卫红。

张卫红，河北秦皇岛人，1997 年毕业于吉林工业大学，1999 年入党，酒泉卫星发射中心发射测试站高级工程师。先后参加神舟一号至神舟十二号任务发射工作，成功保障航天发射任务百余发，获得专业领域科技成果十余项，多次被评为优秀共产党员、三八红旗手。在发射场只要提起张高工，不论领导还是同事，都会竖起大拇指。

二十四年如一日，在发射塔架和试验厂房两点一线奔波，把最好的年华奉献给了她最爱的发射塔架，也从青春洋溢的少女成长为如今发射场的“平台一姐”。

二十四年“不挪窝”，一直坚守在平台专业，守护着塔架，先后参加保障了神舟一号至神舟十一号飞船、天宫一号、天宫二号和近百发卫星发射任务，解决平台技术问题上千起。“最紧张的一次，我们在塔架上做完最后一次设备安全检测，刚刚撤离

① 王明艳.“塔架神医”张卫红“科技尖兵”[EB/OL].[2021-07-26]. https://mp.weixin.qq.com/s/nVaCzMm6okjsE-QCapk-v6 A.

到安全距离，火箭就准时发射了！”张卫红向笔者谈论起这次惊险经历时，淡定自若，就像回忆昨天的平常事。

二十四年严要求，始终坚持一个标准——发现疑点不放、咬住问题不让、盯着标准不降。她常说：“装备技术保障来不得半点虚假。”几十年里，凡经她手维修保养的装备就没掉过链子。面对领导和同事们的赞扬，她总是微微一笑说：“这是咱的工作，更是我的职责。”一次检修中，她的“火眼金睛”发现了塔架五层平台底座螺栓螺母脱落，通过及时处置，避免了可能出现的重大事故；某任务中，突遇大风，她果断决策多组塔架平台同时打开，保证了任务顺利进行……

二十四年砺本领，就琢磨一件事，为塔架平台“把脉”。2012年9，天宫一号发射已进入“不可逆状态”，到了没有退路的紧要关头。负90分钟开始收翻板角页，突然开焊断裂，液压翻板差点掉下去砸中火箭，关键时刻张卫红带领专业人员用手动吊葫芦把液压翻板吊起来，在火箭发射20分钟前将问题完美解决，天宫顺利出征。

近几年设备改造多、发射高密度且任务状态转换快，张卫红带领专业人员全面深化检修检测，先后解决了发射塔架脐带塔平台电机异常停止等多个影响设备正常运行的问题。同时针对设备改造和任务需求情况，新编操作规程、故障处置预案等试验文书6份，通过加强专业人员应急操作演练，提高了平台系统工作可靠性和安全性。

“张高工就是这么个人，不会说漂亮话，也不爱讲大道理，她总是干得多说得少，哪里有任务哪里就能见到她的身影。”塔架平台技师刘阳说。

为确保载人航天发射塔架执行发射任务中设备不出现问题，张卫红和同事们对设备进行了深入细致的复查检修工作，排除了设备接触不良、插销无法正常插拔等多个可能影响试验任务的问题，并编写了任务流程中的应急处置预案。神舟十二号发射任务结束后，张卫红及班组人员第一时间对塔架进行了射后恢复，重新检查确认了各部位和设施状态，为神舟十三号载人飞行任务做好充分准备。

图34：张卫红工作照

三是加社会实践，在实践体验中深化家国情怀认识。言必信，行必果，对于家国情怀不仅要保持正确的自律性，做思想者，更要将精神转化为外在行动，积极参加社会实践活动、志愿者行动、参观载人航天教育基地，缅怀载人航天英雄、向英雄学习，用实际行动体会先进人物身上的家国情怀，时刻以一个优秀的新时代大学生的标准严格要求自己，将家国情怀融入今后工作学习生活方方面面的实际行动当中，在提升自我家国情怀的同时促进社会的和谐发展，做一个合格的社会主义现代化建设者和接班人。

第四，主动提升载人航天精神研究水平。

高等职业院校学生要深入学习伟大的载人航天精神，尤其是深入挖掘“特别能奉献”精神的内涵，在载人航天事业奋斗历程中领悟家国情怀、革命乐观主义精神，做到对“特别能奉献”精神的真学、真懂、真信、真用，通过学习“特别能奉献”精神真正体会载人航天工作者为了国家利益、为了载人航天事业甘愿深埋黄土中、一心为祖国的深厚情感，进而坚定自己家国情怀、奉献精神。另一方面，要加强科研能力和本领，在深入学习理论知识的基础上开展载人航天精神相关实证研究，切实将载人航天精神的教育点进行挖掘，与所学知识进行结合研究，切实推进载人航天精神与学习内容尤其是专业内容深度融合，加强对于载人航天精神的理解和掌握。

②加强乐观向上、积极进取的革命乐观主义精神培育

1958 年，由解放军战士、技术人员组成的十万大军浩浩荡荡地开进位于我国西北的巴丹吉林沙漠，这里戈壁荒滩、杳无人烟、气候恶劣、交通不便，最低气温甚至可以达到零下 34 摄氏度，可想而知，要在这片荒漠上建立高科技的导弹试验靶场绝非易事。房子没建好，他们就睡帐篷、打地铺；面对食物匮乏，他们依旧秉持对于航天事业乐观向上的精神拖着浮肿的双腿在茫茫戈壁中前行，这种乐观精神一直延续到载人航天事业中。载人航天事业初创时期也异常艰苦、困难重重，但收获却是振奋人心的。可以说如果没有载人航天工作者这种以苦为乐的乐观精神，就没有当今卓越的载人航天事业成就。载人航天人面对困难和挫折的乐观精神非常值得当代大学生学习，即当遇到困难与挫折的时候，不要怨天尤人、抱怨埋怨，要秉持顽强精神、乐观态度朝着目标笑着走下去。

一是要正确看待高等职业教育，认真学习、乐观工作。高等职业院校学生自身要打破社会上对高等职业教育存在的偏见，深刻意识到高等职业教育的重要性、意识到自己及本专业对于社会经济发展的重要意义，明确自己的未来定位，克服因思想消极导致的定位不清、动力缺乏、被动学习等问题，要及时调整自我认识和心态，寻找发现所读学校和专业的优势和特点，改变对高职和专业错误的认识，微笑地对待生活、乐观地学习工作，以乐观开朗的精神奋力前进，创造充实有意义的人生。

二是要拥有兼容并蓄的雅量，宽容待人、涵养胸襟。高等职业院校大学生要拥有开阔的胸襟和兼容并蓄的雅量，养成一种宽容待人的人生态度，要深刻认识到宽容待人是一个有教养的、明智的做人之举。要正确看待别人给予的意见和建议，遇到与自己不同甚至相反的观点时要有容人的雅量，培养一种平和快乐的心理、养成乐观豁达的精神。生活学习工作中无论遇到任何问题，都要先从内因入手，查找自

身的不足,反省自我并进行修正,以开阔的胸襟对待自己的过失。同时还要做到心胸开阔,树立正确的舍得观,成为一个具有乐观精神的人。

三是要体会大学生活的意义,开放身心、感知美好。大学生活不同于高中阶段生活,丰富多彩、异彩纷呈,相应地面对的问题、存在的疑虑也可能比以往来得多,面对学习、生活和工作中遇到的挫折,有的人往往感到压力倍增,焦虑不安,严重者会出现一些心理和生理方面问题。因此高等职业院校学生要培养一种乐观向上的精神,从克服困难、战胜挫折中获得成就感,感受生活的意义与美好。这就需要大学生自身寻找生活本身的幸福和快乐,在学习生活和工作中收获友谊、增长见识,领悟人生的真谛。以良好的心态认真学习生活、积极主动工作,用心去做每一件事,才能获得学业进步、生活快乐、事业成功。

载人航天精神蕴含正确的价值观和丰富的家国情怀,将载人航天精神作为高等职业院校学生价值观教育的切入点,使得精神得到充分灌溉,能将精神内化于心,外化于行,帮助学生潜移默化地养成良好的品格和报效国家的实干能力,促进学生中长成参天大树,服务人民,报效祖国。